Diogenes Taschenbuch 23289

Max Frisch
Friedrich Dürrenmatt

Briefwechsel

Mit einem Essay
des Herausgebers
Peter Rüedi

Diogenes

Die Erstausgabe erschien 1998
im Diogenes Verlag
Der Verlag dankt der Max-Frisch-Stiftung, Zürich,
für die freundliche Genehmigung zum Abdruck
der Briefe von Max Frisch und Herrn Julian Schütt
für die eigens für diesen Band erstellte Chronik
zu Frischs Leben und Werk
Fotonachweis am Schluß des Bandes
Umschlagfoto:
Max Frisch und Friedrich Dürrenmatt, 1963

Veröffentlicht als Diogenes Taschenbuch, 2001

www.diogenes.ch
100/01/8/1
ISBN 3 257 23289 6

Inhalt

Peter Rüedi

Fast eine Freundschaft

Dieser Briefwechsel ist kein Monument wie andere, an denen die Beteiligten mit Blick auf Nachlässe und Nachruhm gemeißelt haben. Gemessen am berühmtesten der deutschen Literaturgeschichte, den über tausend Briefen, die Goethe und Schiller zwischen dem 13. Juni 1794 und dem 26. April 1805 austauschten, nehmen sich die 36 Dokumente marginal aus. Auch wer Wert darauf legt, daß das Gewicht einer solchen Sammlung nicht nach dem Umfang zu wägen ist (anders gesagt: daß es auf das spezifische Gewicht ankomme), wird einräumen, daß diese nicht den großen Zwiegesprächen der deutschsprachigen Briefschriftstellerei zuzurechnen ist. Zu groß sind die Lücken, zu wenig kontinuierlich der Diskurs, der Abtausch von Rede und Gegenrede, und zu den interessantesten Stücken gehören Briefe, von denen wir mit an Sicherheit grenzender Wahrscheinlichkeit annehmen dürfen, daß sie nicht abgeschickt wurden. So ist diese kleine Sammlung insgesamt eine Art archäologische Fundstelle, auf der der Spurensicherer vom Sichtbaren auf das Unsichtbare, vom Gesagten auf das Verschwiegene, vom Manifesten auf das Verborgene schließen muß.

Eine Vergangenheit, die sich erst gerade zu Geschichte zu verfestigen beginnt, ist schwierig zu erkunden. Wann und wie wird aus Gegenwart Vorgegenwart und aus Vorgegenwart Geschichte? Emil Ermatinger, der Zürcher Germanist, soll einem Schüler auf die Frage, wann denn eine Epoche von der nächsten abgelöst werde, »wann die Klassik aufhöre und die Romantik beginne«, mit dem Auftrag geantwortet haben, sich einen Tag lang vor ein morgens frisch gekauftes Brötchen zu setzen und den Zeitpunkt zu bestimmen, an dem es altbacken sei – zu welchem Befund er doch zweifellos gelange, wenn er abends hineinbeiße.

So ist's mit manchen Dingen, an denen die Zeit wirkt. Wann wird aus ›Gegenwartsliteratur‹ ›Literaturgeschichte‹? *Brecht als Klassiker* heißt ein kleiner Text, den Frisch schon zu Lebzeiten Brechts, 1955, schrieb. Daß sie Brechts Los der Beisetzung auf dem Friedhof der Schulbuchautoren teilten, war Max Frisch und Friedrich Dürrenmatt seit den sechziger Jahren durchaus bewußt. Allein, aus den Gräbern des Deutschunterrichts und der Stadttheaterspielpläne gibt es allerlei Auferstehungen. In der Regel warten die sogenannten ›Klassiker der Moderne‹ in ihrem Zwischen- und Schattenreich auf den Richtspruch der Zeit. Für den gilt das Wort des beidseits kritisch verehrten Brecht: »Das Große bleibt groß nicht und klein nicht das Kleine.« »Durch Zufall kam mein Ruhm zustande, durch Zufall der Abbau des Ruhms. Als Dramatiker bin ich ein unvermeidliches Mißverständnis«, heißt es im ersten Band von Dürrenmatts *Stoffen*[1]. Das gilt nicht nur für den Dramatiker, und nicht nur für Dürrenmatt.

Max Frisch beschäftigte, reizte, beunruhigte ein Stück wie *Graf Öderland* zeitlebens ungleich mehr als das ›Modell‹ *Andorra:* gerade weil die Fabel sich nicht zur Parabel verengen ließ, sondern vom »Privaten« über das »Direkt-Politische« bis zum »Spuk« viele Lösungen zuließ[2]. Dürrenmatt sprach von seinen erfolgreichsten Stücken *(Der Besuch der alten Dame, Die Physiker)* im nachhinein gern mit wegwerfender Verachtung. In beiden Fällen war dies nicht nur Koketterie, auch nicht nur trotzige Verteidigung der Mißerfolge[3]. Ihn beschäftigte, womit er nicht fertigwurde. Pläne, die ihm von Anfang an zu klar waren, bei denen ihm die Lösung zu selbstverständlich schien, führte er gar nicht aus (ein Stück, das *Kaiser und Eunuch* heißen sollte, z.B., aber auch, nach eigenem Bekenntnis, die einmal spielerisch zusammen mit Frisch entworfene Fortsetzung von *Herr Biedermann und die Brandstifter*).

Abtransport eines Doppeldenkmals

Der Ruhm ist der Vater vieler Mißverständisse. So ist er eine Voraussetzung dafür, daß, kaum waren Max Frisch und Friedrich Dürrenmatt über die Landesgrenzen hinaus bekannte, ja weltweit erfolgreiche Autoren (*Stiller* 1954, *Der Besuch der alten Dame* 1956), die beiden zum Doppeldenkmal gekoppelt wurden, zum »Dioskurenpaar«. Das Monument, dessen Sockel die Inschrift FrischundDürrenmatt trug, ragte so unübersehbar auf, daß nach dem fast gleichzeitigen Tod der beiden zweifellos gewichtigsten Schweizer Autoren der zweiten Hälfte des 20. Jahrhunderts die ›Schweizer Literatur‹ insgesamt totgesagt wurde. Welch ein Unsinn. Als ob im Schatten des Denkmals alles zum toten Feld verkümmert wäre. Im Gegenteil. Vor allem Frisch war, nicht zuletzt in Erinnerung des Brachlands, das er als Schriftsteller betreten hatte, am Zusammenhang einer ›Schweizer Literatur‹ gelegen.

Als Korrektur ebendieser fragwürdigen gegenseitigen

Verhaftung der beiden Übergrößen ist dieser schmale Briefwechsel, die sehr lückenhafte Dokumentation einer schwierigen Freundschaft, nicht nur für die Spezialisten der neueren Literaturgeschichte aufschlußreich, spannend, bewegend. Die Beziehung beginnt im Ton gegenseitigen Respekts zwischen den doch zehn Lebensjahre (fast eine halbe Generation) auseinanderliegenden Partnern – ein Respekt, beim Jüngeren selbstverständlicher als beim Älteren, dessen Bewunderung großzügig um eine den Altersunterschied herunterspielende Kollegialität bemüht ist.

Die Briefe belegen die (von Frisch so genannte) »Arbeitskameradschaft« der späten vierziger und der fünfziger Jahre, und daß diese weit über den schriftlichen Gedankenaustausch hinausgegangen sein muß. Dann, mit einsetzender Berühmtheit, stellt sich zunehmend Rivalität ein – zuerst noch getarnt als sportives Spiel, dann offener in Sticheleien vor allem Dürrenmatts, der um die Empfindlichkeit des andern wußte. Endlich kehrt sich das Verhältnis um in Befremdung und Entfremdung – aber nicht ohne gelegentlich anklingende Trauer darüber, daß nicht sein konnte, was im Grunde für beide hätte sein sollen. Der Dioskuren-Effekt, die Verkoppelung der beiden vor allem durch die außerschweizerische Öffentlichkeit, war dabei vielleicht die schwerste aller Belastungen.

»Es ärgert uns beide, daß wir ständig zusammen genannt werden [...] Wir sind Freunde. Ich rauche gerade eine Pfeife, die ein Geschenk von Dürrenmatt ist. Die Freundschaft, die hat natürlich einen Witz. Es bleibt uns nichts anderes übrig als die Freundschaft. Denn wenn wir uns befehden würden, ist das ein so großer Clou für seine Freunde, meine Freunde, seine Gegner, meine Gegner – die warten eigentlich nur drauf. So sind wir eigentlich zwar Freunde, aber obendrein noch verflucht, Freunde zu sein«, sagte Max Frisch in einem Fernseh-Interview, das er Corinne Pulver 1961 in Rom gewährte.

Ein Jahr zuvor war Hans Bänzigers Doppelporträt *Frisch und Dürrenmatt* erschienen[4]. Es ärgerte beide aus mehreren inhaltlichen Gründen, vor allem aber wegen der in Buchform erstmals angelegten Paar-Perspektive. Dürrenmatt, in solchen Dingen allemal weniger skrupulös (um nicht zu sagen: schlampiger), ließ einen Abdruck seines undatierten Briefs über *Graf Öderland*[5] zu, Frisch untersagte im letzten Moment die schon bewilligte Aufnahme der zwei Briefe über *Mississippi* und *Öderland*[6].

»Als Doppeldenkmal«, beginnt Hans Mayer die Einleitung zu seinem Essay-Band *Über Friedrich Dürrenmatt und Max Frisch* (Neske, Pfullingen 1977) – »als Doppeldenkmal jedenfalls sollte man sie nicht modellieren: Friedrich Dürrenmatt und Max Frisch. Das Ritual, verehrungswürdige Künstler und Schriftsteller nicht einzeln zu feiern, sondern gleichsam als Dioskuren, die zusammengehören und also mehr als doppelten Besitz bedeuten, da das Ganze mehr ist als die Summe seiner Teile, entstand im 19. Jahrhundert. Als man auch die Bildung als Besitz zu Buche schlug, Goethe und Schiller als Modell zuerst der Kunsthistoriker, später als Doppeldenkmal vor dem Nationaltheater in Weimar. Dann war kein Halten mehr: Grabbe und Büchner; Hebbel und Otto Ludwig; es fehlte nicht die – unsinnige – Variante mit der Droste und der Ebner-Eschenbach. Bismarck und Moltke natürlich. Die beiden

Schweizer Gottfried Keller und C.F. Meyer. Was man planmäßig zu Paaren trieb, hatte als Gemeinsamkeit meist nur den Ruhm aufzuweisen, oder was man dafür hielt.« Die Reihe der in Gegensätzlichkeit oder Wahlverwandtschaft zusammengezwungenen Zeitgenossen wäre beliebig fortzusetzen und selbst vor die vorletzte Jahrhundertwende auszudehnen (Goldoni und sein Widerpart Gozzi waren auch so ein Paar). Ranke und Mommsen, Jaspers und Heidegger, Musil und Broch, Mayer weist darauf hin: Brecht und Bronnen, eine besonders voreilige und unsinnige Alliteration. Allenfalls könnte das Paar Gottfried Keller und Jeremias Gotthelf zu ein paar spielerischen Analogien zu Frisch und Dürrenmatt und einer zweifelhaften nachnadlerischen Miniatur über Zürcher Art und Berner Geist verführen.

FrischundDürrenmatt: daß beide in einem Atemzug genannt wurden wie ein Komikerpaar, hatte zur Voraussetzung den Ruhm, aber auch eine *concordia discors* oder *discordia concors,* eine Einheit in der Differenz, eine Unterschiedlichkeit in der Verwandtschaft. Daß die beiden im Grunde überhaupt nichts miteinander zu schaffen gehabt hätten – auch das stimmt nicht. Diese Briefe beweisen es.

In den fünfziger Jahren war dieser Ruhm zunächst jenseits der Grenze in der Adenauerrepublik gewachsen. »Unser Ruhm entstand ja wirklich nur in dem Maße, weil wir in eine Lücke, in ein Vakuum hineingerieten. In den Schubladen der sogenannten Schubladendichter in Deutschland war leider nicht besonders viel drin. So kamen und waren eben wir mit einemmal dran.«[7] Sie waren keine Nazis und keine Emigranten und schrieben, unter dem Gesichtspunkt der deutschen Teilung, von einem archimedischen Punkt aus. Sie gehörten nicht zur ›Gruppe 47‹, waren keine Kommunisten, aber kritische Zeitgenossen – was konnten sich die westdeutschen Theater und Rundfunkanstalten, deren Hörspiel-Dramaturgien den kulturellen Wiederaufbau betrieben, Besseres wünschen? Die beiden waren so schon einmal als Schweizer gekoppelt. Wer unter ihren deutschen Lesern, wer im Publikum des deutschen Nachkriegstheaters konnte wissen, welche Distanzen zwischen einem Zürcher Architekten- und einem Landberner Pfarrerssohn lagen? Auch wenn sie beide darüber Witze rissen (schon 1956; in dem wenige Monate nach *Der Besuch der alten Dame* entstandenen Hörspiel *Abendstunde im Spätherbst*, tauft Dürrenmatt seinen Nobelpreisträger Korbes auf die Vornamen Maximilian Friedrich).

Gefragt nach seinem Verhältnis zu Frisch, antwortete der Dürrenmatt der siebziger und achtziger Jahre oft provokativ oder gleichgültig (»Das ist gut, weil wir uns nichts zu sagen haben«)[8], manchmal auch beleidigend (»Ich wünsche ihm, daß er ihn [den Nobelpreis] kriegt. Er hat das wahrscheinlich sehr nötig.«)[9]. Gelegentlich wurde er aber auch ungewohnt ernst, wie im großen Gespräch, das er 1975 mit H. L. Arnold führte[10]. Darin nahm er vorweg, was er dem alten Weggefährten im anrührenden letzten Brief dieser Sammlung zum 75. Geburtstag schrieb[11] und was im wesentlichen dem entspricht, was in den zweiten Band der *Stoffe* einging[12]: »Max Frisch ist der einzige lebende Schriftsteller gewesen [!], mit dem ich mich wirklich auseinandergesetzt habe. Max Frisch war für mich faszinierend, weil er immer von seinen persönlichen Erlebnissen und Eindrücken ausging; und faszinierend war, daß das, was er mir erzählte, fast wörtlich in seinen Schriften wiederkam. Das war für mich der absolute Gegenpol. Er konnte Dinge erzählen und beschreiben, die er erlebte, und sie unmittelbar umsetzen in seinem Werk, während ich ganz anders vorging: Meine Erlebnisse sind sehr stark im Moment, da ich erlebe, dann aber sinken sie ab, ich vergesse sie, und später tauchen sie verwandelt auf. [...] Frisch [...] bestand für mich aus einer Fülle von Beobachtungen, von Erlebnissen, von Leben, und ich bewunderte – und bewundere immer noch – in Frisch die Kühnheit, mit der er vom ganz Subjektiven ausgeht. Ich bewundere in Frisch, daß er sich als Fall ansah. Frisch ist immer der Fall, sein Fall ist der Fall. Das ist seine Ehrlichkeit. [...] Dagegen erscheint bei mir alles gefiltert. Alles, was ich erlebe, was mir vorkommt, sinkt wie in ein Dunkel zurück und kommt dann verwandelt, als eine ganz fremde Gestalt, wieder, in der ich mich erst viel später wiedererkenne.« Dann nimmt er das Klischee von den beiden Dioskuren Kastor und Pollux beim Wort und hebt ab ins Astronomische: »bei Frisch ein Stern, der seine Materie unmittelbar verwandelt, der alles schlackenlos in Strahlung umsetzt. Bei mir hingegen zuviel Masse, und die Strahlung wird in diese Masse hineingezogen; es zieht alles in dieses Zentrum hinein, und das Zentrum ist schwarz, ein Loch, der Stern weicht allmählich ins Unsichtbare zurück. [...] Bei Frisch habe ich das Gegenteil von mir bewundert, und das Gegenteil ist oft wichtiger als das, was man selbst tut. Bei Frisch gibt es die absolute Dokumentation des Vorhandenen. Bei mir ist es das Durchbrochene, es stürzt einem Zentrum zu, und es wird so mehr verfälscht, subjektiv mehr verfälscht: Es ist die Erscheinung meiner ganzen Persönlichkeit und meiner ganzen Fragwürdigkeit. Und vielleicht ist Frisch, weil er seine ganze Fragwürdigkeit – die jeder Mensch hat, ich meine es nicht persönlich – in seiner äußeren Atmosphäre viel schneller umsetzen kann, gültiger als ich. Ich kann das nicht beurteilen. Ich kann nur sagen, ich habe eine ganz große Bewunderung für das Phänomen Frisch.«[13]

Daß der andere sich gewissermaßen schlackenlos realisiert in seinem schriftstellerischen Werk, war freilich auch eine Projektion Dürrenmatts. So wollte es ihm seit je vorkommen – im Vergleich zur eigenen Qual des Schreibens. Die war nicht größer, aber anders als Frischs »Arbeitsnot«[14]. Den aus der Differenz zwischen Erleben und Gestalten, der verzögerten Auferstehung des Erlebten, der Verwandlung von Eindruck in Stoff gewonnenen Zuwachs an Kunst nimmt er für sich als größer, für Frisch als kleiner an, als dies der Fall war. Auch Frisch war bewußt, daß Distanz eine Voraussetzung von literarischer Produktivität ist. Schon im ersten Tagebuch schreibt er: »Der Anblick ist da, das Erlebnis noch nicht. Man gleicht einem Film, der belichtet wird; entwickeln wird es die Erinnerung.«[15]

An Eduard Wyss, Gymnasiallehrer in Zürich, als Pfarrerssohn und Patenkind von Dürrenmatts Vater schon im frühen Zürcher Studien- oder besser Bummelsemester 1942/43 ein väterlicher Freund und bis Ende der vierziger Jahre überhaupt der Mann, zu dem er das größte Zutrauen hatte, schrieb Dürrenmatt zu Ostern 1949 mit sehr viel, selbst für ihn erstaunlichem Selbstbewußtsein: »Mein Lieber, vom Frisch kann man viel lernen, sieh dir diesen Kerl mal an, besiege deinen Widerwillen, ich mußte es auch tun, er kann schließlich nichts dafür, daß er ein Zürcher ist. / Was ich an ihm bewundere, aufrichtig und schmerzlich bewundere, ist die Tatsache, daß er [...] schreiben kann. / Es ist möglich daß ich der stärkere Dichter, der stärkere Künstler, der stärkere Dramatiker bin als er – das ist möglich – aber es ist sicher, daß er sich nicht so verschleudert wie ich mich, daß er mehr aus sich macht, daß er vielleicht das höchste aus sich macht, was überhaupt denkbar ist, und daß ich das alles nicht aus mir tue, daß ich gerade nur das bin, was ich bin und nicht mehr, daß mir das, was ich mache, im Grunde nur zufällig aus dem Ärmel rutscht.« Und wenig später, am 4.6.1949 aus Schernelz: »Mit Frisch geht es mir eigenartig. Er ist sehr kollegial zu mir, sehr bewundernd, steht für mich ein und dabei wird er mir immer fremder. Aber er ist schon ein Kerl, du mußt ihn unbedingt näher anschauen.« Noch in den Jahren, in welchen das Verhältnis zur Person Dürrenmatt gestört war, hat Frisch die Bewunderung für den Autor nie verhehlt, ja diesen im künstlerischen Rang wiederholt über sich selbst gestellt.

»Dürrenmatts Anliegen ist ein christliches«

Viel und nicht ganz kongruente Bewunderung also, zwischen dem erfahreneren urbanen Schriftsteller und Architekten und dem Jungautor aus dem Emmental. Für den bedeutete Stadt immer Labyrinth (man lese nur, wie sich Bern, weiß Gott kein Dickicht von Großstadt, in der frühen Prosa zum Hades verfinstert und die Aare zum Styx). Schriftstellerei war ihm eine Berufung, zu der er sich, entweder oder, in kierkegaardscher Radikalität ebenso jäh entschlossen hatte wie zu seiner Ehe. Viel Bewunderung – aber auch, von Anfang an, viel Irritation und ein Gefühl von Fremdheit, bei beiden. Bei seiner Einführung zu einer der Premiere vorangehenden Lesung Dürrenmatts von *Es steht geschrieben* (Max Frisch, selbst auch erst seit eineinhalb Jahren ein am Zürcher Schauspielhaus aufgeführter neuer Dramatiker[16], sprach im Zürcher Zunfthaus ›Zur Meisen‹ als Stellvertreter von Walter Muschg) überraschte er das Publikum mit dem Geständnis: »Ich bin nicht sicher, ob ich die Dichtung von Dürrenmatt, den ich persönlich nicht kenne, in ihrem wesentlichen Anliegen begreife. Dieses Anliegen ist ein christliches.«[17] Hier sei einer, der nicht für, sondern mit der Bühne dichte – eine Formel, die er ins erste Tagebuch übernahm und die Dürrenmatt noch 1954 von Frisch in seinem Aufsatz *Theaterprobleme* zitierte[18]. Die Rezension, die Frisch über *Romulus der Große* 1949 in der ›Weltwoche‹ veröffentlichte[19], wiederholt die Fremdheit gegenüber Dürrenmatts religiösem Kern und differenziert weiter: »Das wesentliche Anliegen, das Dürrenmatt zur Gestaltung treibt, ist das Religiöse; offensichtlich schon in seinem ersten Werk […]: offensichtlich auch in seinem zweiten Werk *Der Blinde,* wo sich, was kein Grund zur Enttäuschung ist, gewisse Grenzen und Gefahren seiner Anlage abzeichneten. In seiner neuen Komödie, wo von Gott kaum die Rede ist, offenbart sich das Religiöse, wie mir scheint, schon in der Tatsache, daß einer, ohne unserer Zeit und unserer Lage auszuweichen [Frischs zentraler Begriff der Zeitgenossenschaft], überhaupt imstande ist, eine Komödie zu geben. Nicht irgendeine Komödie, sondern unsere Komödie.«

Die Notiz, die sich unter dem Datum vom 2. März 1950 in Dürrenmatts kleiner Agenda findet, liest sich allerdings schon fast wie ein in der Tagebuch-Intimität heimlich erprobter Befreiungsschlag: »Gespräch am Morgen mit Frisch über das / Tagebuchschreiben. Was habe ich mit / diesem Menschen gemeinsam? Ich / verleugne mich so viel, wenn ich / mit ihm rede.«

In dieser kleinen Agenda finden sich andere erstaunliche Einträge, die ahnen lassen, was Dürrenmatt mit diesem beklagten Selbstverrat gemeint haben könnte. Sie belegen in der Tat seine intensive Beschäftigung mit religiösen Fragen. Mit dem Verhältnis von Protestantismus und Katholizismus z.B., der ihn in den Personen Ernst Ginsberg und Kurt Horwitz herausforderte und auf Positionen zurückzwang, die er durch die Rebellion gegen seinen pfarrherrlichen Vater für überwunden hielt. Ginsberg und Horwitz hatten beide seit 1933 zum Ensemble des Zürcher Schauspielhauses gehört. Beide waren sie als Juden in die Emigration gezwungen worden, beide konvertierten sie später zum Katholizismus und führten mit Dürrenmatt lange Debatten über theologische Fragen; beide waren sie, als Schauspieler und Regisseure (Horwitz auch als Theaterdirektor) sowohl für Frisch wie für Dürrenmatt akzeptierte Theaterautoritäten, Mentoren, freilich unbequeme, nicht nur wegen ihrer konfessionellen Intransigenz, sondern wegen ihrer verwandten, ja symbiotischen künstlerischen Ansichten (*Graf Öderland* lehnten sie ebenso ab wie *Die Ehe des Herrn*

Mississippi, und ihr Urteil wog beim Reiss-(Theater-)Verlag ebenso schwer wie in den Direktionen der Theater von Zürich, Basel und anderswo). Jedenfalls: wenn Dürrenmatt später, nach vielen Verwandlungen seines Welt-Bilds und seiner Gottes-Vorstellung, im Rückblick sagte, er sei »lange als christlicher Dichter gehandelt worden, es war ein langer Kampf«, so finden sich zu diesem Zeitpunkt der insgeheim erprobten Abgrenzung von Frisch genug Belege, daß er ein christlicher Dichter *war*. Ein religiöser ohnehin. So gesehen, erschien 1952 *Die Stadt,* die frühe Prosa, bei Peter Schifferlis Verlag ›Die Arche‹ schon im richtigen Umfeld.

An Schopenhauer stört Dürrenmatt, daß bei diesem »die Liebe ein Gefühl und keine Tat ist, ebenso die Ehe eine Sitteneinrichtung und keine religiöse Möglichkeit« (Eintrag vom 3.2.1950). Am 5.2. klagt er gar: »daß unsere Sonntage so unheilig sind ist eine große Sünde. Was für eine Kraft liegt eigentlich allein schon im Tischgebet. Froh wenigstens hier von jedem Zwang zum Stiel [sic] befreit zu sein.« Der Agnostiker Frisch las Dürrenmatts frühe Stücke richtig. »Das wesentliche Anliegen, das Dürrenmatt zur Gestaltung trieb, war das Religiöse.« Ob dieser das später wahrhaben wollte oder nicht.

So ist eine der Schwierigkeiten, denen bei der Beschreibung des Doppeldenkmals keiner entkommt: jeden als »Phänomen« zu begreifen (das Wort wählte Dürrenmatt bewußt), als Einzelnen (welcher Begriff für beide wichtig war, in der Ethik wie in der Ästhetik). Und doch gerade in der Gegensätzlichkeit das Verbindende zu sehen. Der Weltmann und der Eremit im neuenburgischen Sprachexil. Der weltzugewandte Registrator eigener und allgemeiner

Befindlichkeiten und der Weltendenker. Der »Impressionist« und der »Expressionist«. Der Intellektuelle und der Naturbursche. Der politisch engagierte Gesellschaftsanalytiker und der in philosophischen Zusammenhängen denkende Erkenntnistheoretiker und Grundsatzdramaturg. Der ichbefangene Selbstzweifler und der gelassene Demiurg der Distanz. Der Ungemütliche und der Joviale. Der Witzige und der Humorist. Der Zeitgenosse und der Unzeitgemäße. Der Egozentriker und der Kopernikaner. Der Moralist und der Possenreißer. Der »Staatsfeind Nr. 1« und der Hofnarr.

Für all diese Polaritäten lassen sich aus beider Gesamtwerk Belege beibringen, zuhauf, für fast alle allerdings auch Gegenbeweise. Nützlich als Hilfsmittel, sind Vergröberungen ins Typologische fatal, wenn sie absolut gesetzt oder gar auf das Fähnlein erfundener Gefolgschaften gesetzt werden. So fragwürdig wie die Dioskurenperspektive ist der Versuch, Frisch und Dürrenmatt gewissermaßen als zwei literarische Gegenprinzipien zu installieren. Es stimmt, daß mit zunehmender Entfremdung der eine in seinem Umfeld Freundschaften mit dem andern nicht gerade beförderte. »Ich mußte mich für einen entscheiden«, sagt Peter Bichsel, »nicht weil ich, sondern weil Dürrenmatt das wollte«, und Heinz Ludwig Arnold erinnert sich, wie der Umstand, daß er Dürrenmatt ein Buch widmete, Frisch verstimmte. Allein, heute von »Dürrenmattianern« zu sprechen ist ebenso abwegig, wie wenn einer aus dem Umstand, daß Frisch einen geselligen, manchmal etwas patronalen Umgang mit der Schriftstellergeneration nach ihm pflegte, eine »Frisch-Schule« ableiten würde.

Die Dioskuren auseinanderzudividieren ist nur sinnvoll, wenn wir sie anderseits auch ineinander lesen; produktiv, wenn es der Annäherung dient und nicht der Festschreibung. Trotz ihres Altersunterschieds hat sie die gleiche Zeit wenn nicht hervorgebracht, so doch geformt. Fast gleichzeitig haben sie die Bühne betreten, und fast gleichzeitig haben sie sie wieder verlassen. Wenn Dürrenmatt auch seinen letzten Brief an Frisch mit dem Satz beginnt: »es war für Dich einst ein Problem, daß ich zehn Jahre jünger bin als Du«, und fortfährt: »Das spielt jetzt keine Rolle. Unserer beider Rutschbahn, im Nichts endend, die wir noch hinunterzuschlittern haben, ist ungefähr gleich lang«, so haben sich die beiden doch bald einmal im weitesten Sinn als Angehörige einer Generation verstanden. Die Isolation während des Kriegs schloß die Schweiz nicht nur von der Welt ab, sie setzte in gewisser Hinsicht auch die Zeit aus. Kam dazu, daß Dürrenmatt spätestens seit dem Ausbruch seines Diabetes und der von diesem beförderten Leibesfülle schon äußerlich älter wirkte, als er war, genauer: alterslos, Frisch beim Tischtennisspiel und gelegentlichen Segelpartien ein erstaunlich gewachsener Partner, sonst aber stets ankämpfend, anschreibend gegen die krankheitsbedingte Müdigkeit. In seiner Leiblichkeit ruhend, machte es den Anschein. Bis heute fällt es schwer, am Vorurteil vom souveränen, erhabenen, von sich selbst überzeugten Lebens- und Überlebenskünstler zu rütteln (dessen apokalyptische Visionen und schlimmstmögliche Wendungen demzufolge oft genug als groteske Spielereien, um nicht zu sagen: Frivolitäten gelesen wurden). Die dunkle Grundierung seiner psychischen Verfassung, die Einsamkeit des sich hinter seinen Scherzen, Geschichten und Gelagen verschanzenden Meisters der Jovialität, seine zunehmende, vor Außenstehenden gut verborgene Einsamkeit auch innerhalb seines nach außen immer idealisierten Familienlebens sah später nicht einmal mehr Frisch, der für solche Verteidigungsstrategien doch ein Auge hatte wie keiner.[20]

Ineinandergelesen, möchte ich behaupten, ergeben die beiden nicht die ganze Literatur und auch nicht die ganze Schweizer Literatur, aber eine ziemlich vollständige Vorstellung vom Anklang, den ein gutes halbes Jahrhundert Welt-Geschichte in der Befindlichkeit, dem Instrumentarium literarischer Sensibilität in diesem kleinen Land ins Schwingen gebracht hat. Das meint Uwe Johnson, wenn er, einer der vielen, der die beiden in den Jahren der Entfremdung wieder zusammenwünschte, am 21. März 1976 Frisch schreibt: »Nein, ›Aussöhnung‹ ist auch für mich kaum das Wort, das ich zwischen Sie und F.D. setzen wollte, eher wäre es Verständigung, nämlich darüber, was für Vorbehalte denn eigentlich der eine dem anderen gegenüber unterhält, eine gemeinsame Inventur, aus der dann jene Spontaneität wachsen könnte, in deren Sachen Sie mich neulich beraten haben. Er ist doch in Manchem das, was wir Angelsachsen Ihre opposite number nennen würden, und da wollen mir die Störungen zwischen Ihnen vorkommen als eine Art Verschwendung.«[21]

Ein Mißverständnis anderer Art war die Reaktion der offiziellen Schweiz auf die Rede, die Friedrich Dürrenmatt 1990, drei Wochen vor seinem Tod, anläßlich eines Staatsbesuchs von Václav Havel in Rüschlikon hielt (im gleichen Gottlieb-Duttweiler-Institut, in dem Havel, Frisch und Dürrenmatt 1968 schon einmal zusammengetroffen waren, anläßlich des kurzfristig von Prag nach Rüschlikon verschobenen Schriftsteller-Kongresses, nach der gewaltsamen Zerschlagung des ›Prager Frühlings‹ im August). Sie trug den Titel *Die Schweiz – ein Gefängnis* und riß einen Ex-Bundesrat zu undiplomatischem Klartext (»ein Ausbund an Primitivität«), den Zürcher Erziehungsdirektor zu mokanter Beleidigung hin (»eine leicht senile Rede«). Die Honoratioren ignorierten den Redner und verweigerten ihm Dank und Handschlag, als erinnerten sie sich an einen Satz aus Dürrenmatts drittem Schweizerpsalm von 1971 (»Die Tapferkeit, in einem Land zu leben / In welchem es langsam genierlich wird / Einem Bundesrat die Hand zu reichen«). Dabei war das zentrale Bild der Rede, das Gefängnis als Ort der Verschonung und umgekehrt, wo zwischen Gefangenen und Wärtern nicht mehr zu unterscheiden ist, von jedermann vor dem Hintergrund der sogenannten ›Fichen-Affäre‹[22] gehört und gelesen worden. In Wahrheit stand es, dadurch wohl provoziert, für eine letzte Rückkehr Dürrenmatts zu der Erfahrung, die ihn erst zum Schriftsteller gemacht hatte: die Erfahrung des jungen Mannes, der, hin- und hergerissen zwischen Malerei und Schriftstellerei und den elterlichen Hoffnungen auf einen Studienabschluß, in der verschonten Schweiz ein- und von der Geschichte ausgeschlossen war. Das Chaos im eigenen nachpubertären Kopf war Voraussetzung für den Anklang, die Vorstellung der Schrecken jenseits der Grenzen. So gesehen war für den jungen Dürrenmatt auch die Verschonung vor der Katastrophe eine Katastrophe. Aus ihr rettete ihn erst der Gegenzauber des Theaters. Da wiederholte sich, zum Ritual gebannt, die Situation des ausgeschlossenen Beobachters, und der Schrecken bekam ein Gesicht, das Bodenlose ein Echo, das Unsägliche einen Namen.

Schwer vorstellbar, heute, wie die Isolation der verschonten Schweiz auf ihren Autoren, und den deutschsprachigen vor allen, lastete. Ist das Floß der Medusa auch die Rettung, ein Alptraum ist es auch. Und wenn aus dem Volk der Dichter und Denker das der Richter und Henker wurde, betraf der Bankrott der geistigen Werte auch die Kultur, in welche die Schweizer zumindest als kleine Verwandte hineingeboren waren. 1946 war Max Frisch von der US-Army zur Uraufführung von Leopold Lindtbergs Film ›Die letzte Chance‹ nach München eingeladen worden. Nach dieser ersten von vielen Reisen durch das zerstörte Deutschland schrieb er für die Münchner ›Neue Zeitung‹ den kurzen Text *Das Schlaraffenland, die Schweiz*[23]. Er ist diktiert von der Skepsis, die er in seinem Brief an Walter Muschg vom 19.1.1946 drastischer formuliert hatte: »[...] ich glaube aber, daß wir mit den Deutschen so deutlich als möglich reden müssen, so deutlich, wie es die Wahrhaftigkeit zuläßt, die wohl immer unter der Vereinfachung leidet. Nach Briefen und Gesprächen, die ich gelegentlich hatte, bin ich wieder ordentlich verzweifelt; nun kommen sie schon mit dem moralischen Passepartout ihrer Leiden, inbegriffen Hermann Hesse, der seine deutschen Freunde als die zweifellos reifsten Menschen im Abendlande anspricht, immer das Deutsche verbunden mit einem Superlativ, sie sind die ersten im Siegen, die ersten im Leiden –«

»Sieben Jahre lang waren wir gefangen«, heißt es im Aufsatz für die ›Neue Zeitung‹, »und ich könnte erzählen, wie wir an der Enge dieser langen Jahre litten, als der deutsche Ring um uns lag, oder davon, was in diesen Jahren geleistet wurde«, und später: »Wir hörten die Bomber, wenn sie in der Nacht nach München flogen, nach Ulm, Welle um Welle: wenn die Kinder wieder eingeschlafen waren, kamen sie zurück, Welle um Welle, und wenn wir nichts hatten, so hatten wir mindestens eines, was uns niemand absprechen wird: Angst. Und das heißt Ahnung. Wir hatten sie schon, als Warschau in Schutt und Asche sank. Wir sprachen mit Deutschen, die weniger zimperlich dachten als wir, damals, heldenhafter und größer. Ich erinnere mich an die deutschen Berichte, als es gegen London ging: Der Tod hält eine reiche Ernte unter uns, und derlei mehr. Uns schien es ein Wahnsinn, schon damals. Wir zitterten; am deutschen Ufer drüben läuteten die Siegesglocken, sieben Tage lang, während wir Bunker bauten und Gräben, alles im vollen Bewußtsein, daß wir die deutsche Größe niemals aufzuhalten vermöchten, also nicht aus Hoffnung, nur aus Haß. Jeder Schweizer, der gesund war, hatte seine fünfhundert oder tausend Diensttage, und das ist nichts im Vergleich mit dem deutschen Soldaten, ich weiß: aber viel, wenn man überhaupt nicht erobern will, sondern arbeiten möchte, Bücher schreiben, Bilder malen, Häuser bauen, Kinder haben und was der

Dinge mehr sind, die der Spießer, wenn er zuweilen größenwahnsinnig wird, als spießig bezeichnet –«[24]

Am 29.3.1945 brachte das Schauspielhaus Zürich zum ersten Mal ein Stück von Max Frisch zur Uraufführung, *Nun singen sie wieder.* Für das Programmheft schrieb Frisch den Text *Über Zeitereignis und Dichtung*[25], der sich mit seinem Schweizer Standpunkt befaßt, mit der »Gloriole des Geläuterten«, welche der »Dichter eines Kriegslandes« sich anmaße, und mit der Legitimation des Verschonten: »Die wenigsten, die einen Kerker auf die Bühne brachten, haben auch nur einmal in einem Kerker gelegen und wollen uns doch sagen, wie man sich vor einer Hinrichtung befindet; Büchner, als er seinen ungeheuren Danton schrieb, kannte die Guillotine von Stichen, Kafka ist niemals ein Käfer gewesen.« (»Der Einwand wird aufgeworfen, es sei unerlaubt, das zu schildern, was man nicht selber erlebt habe, als ob Leiden eine Art Monopol zum Dichten schüfe, aber war Dante in der Hölle?«, heißt es bei Dürrenmatt ein paar Jahre später, in *Fingerübungen zur Gegenwart.*[26]) Frisch schließt: »Wie unwillkürlich, wie unausweichlich das Zeitereignis auch von uns erlebt wird, die es nicht mit Augen sehen und die es nicht unmittelbar betrifft, das zeigt uns übrigens der eigene Traum; fast jede zweite Nacht verrät er uns als Genossen einer grauenhaften Zeit.« Der Traum als Verinnerlichung des Schreckens, als eine ambivalente Chiffre und als eine literarische Form (das Traumbuch als Nachtseite des Tagebuchs). Walter Obschlager in seinem Nachwort zu Max Frisch, *Schweiz als Heimat?:* »Frisch, obwohl in relativer Entfernung, erlebt das Grauen des Krieges durchaus nicht als etwas Fernes und Fremdes. Seine *Notizen über Geträumtes* bezeugen Schreckensvisionen brennender Flugzeuge und toter Flieger, von Geiselmärschen und von sterbenden Soldaten. Faschismus und Krieg werden für Frisch zum Aufwach-Erlebnis. Nicht allein, daß ein Nachbarvolk der Barbarei verfallen ist, führt zu einer fundamentalen Erschütterung; es ist vor allem die Tatsache, daß es jenes Land ist, das ihm schon früh geistige Heimat und Bildungserlebnis geworden war.«[27]

Auch Dürrenmatt mußte den Abschied von einer Kultur, die die seine war (niemals so reflektiert und differenziert, versteht sich, wie beim älteren Frisch), erst verarbeiten. »Il était un boche«, erinnert sich Christiane Zufferey, seine erste Freundin zwischen 1942 und 1945, zumindest für deren Walliser Vater; noch die Kriegswende nach der Schlacht um Stalingrad betrauerte er eher als Untergang der deutschen Kultur, als daß er in ihr den Anfang vom Ende des Schreckens sah. Auch Max Frisch hat keineswegs so unmittelbar auf das Zeitereignis reagiert, wie er es vom Schriftsteller forderte (zuallererst von sich). Dürrenmatt war unfähig zur unmittelbaren Reaktion – die Distanz war überhaupt die Voraussetzung, daß er sich mit der Erfahrung des nicht erfahrenen Schreckens beschäftigen konnte. Die Distanz des Theatralischen, der Umweg auch über die Geschichte, die Mythologie, die denkerische Versuchsanordnung. Das hat Frisch sehr genau gespürt. Das »Mittel der historischen Verkleidung«, das er im genannten Aufsatz von 1945 noch kritisch verwirft, räumt er dem jüngeren Kollegen später fast vorbehaltlos ein, anläßlich seiner Kritik von *Romulus der Große*[28].

Im April 1946 schrieb Eduard Wyss seinem Freund Dürrenmatt: »Ich habe Dir schon angedeutet, daß, wie ich glaube, die Schweiz durch ihr Fernbleiben vom Krieg [...] in eine vor allem seelisch unmögliche Situation geraten ist. Das bedeutet für sie einen Erlebnisverlust, der nach außen nicht mehr wettzumachen ist und seine verhängnisvollen Folgen haben wird. Es gibt nur eine Möglichkeit des Auswegs: das Schreckliche, das uns nach außen erspart blieb, nach innen bis in seine tiefsten Tiefen aufzudecken.« Dürrenmatts Antwort darauf liest sich wie ein Schlüssel zum gesamten kommenden Werk: »Der Abgrund kann nur im Fantastischen d. h. Möglichen liegen. Tritt der Abgrund ins Wirkliche, d. h. wird er wirklich, so wird ein Gestalten unmöglich werden, weil der Abgrund alles verschlingt und kein Gegenüber mehr da ist: denn das ist das Geheimnis der Fantasie, daß alles zugleich gegenüber und in einem ist.«

Der Druck, sich einen Weltabgrund vorstellen zu müssen, der nicht zu erfahren ist, diese *condition helvétique* jener Kriegsjahre, war bei Dürrenmatt so groß, daß ohne ihn seine Geburt als Schriftsteller schwer denkbar ist. Er war damals erst im Werden. Als er im Frühling 1943 von Zürich nach Bern zurückkehrte, als gescheiterter Student der Germanistik, »verwahrlost und krank von einer Stadt nach einer andern zurück«, ratlos, wohin mit sich und dem Leben, war der 32jährige Max Frisch ein verheirateter Mann mit einer Tochter, zwei Berufen; einer, der die Literatur schon einmal verlassen hatte und wieder zu ihr zurückgekehrt war. Er hatte seinen dritten Roman *J'adore ce qui me brûle oder Die Schwierigen* vollendet, und er hatte, kaum diplomiert, einen großen Architekturwettbewerb gewonnen. Er hatte ausgedehnte Auslandreisen hinter sich (1932 Prag, Budapest, Belgrad, Istanbul, Athen, Rom; Deutschland 1935). Von zwei kleinen Vorkriegs-Radtouren abgesehen, einer durch Deutschland, einer nach Straßburg, kannte Dürrenmatt die Welt jenseits der Grenzen nur aus den Zeitungen und aus der Schweizer Filmwochenschau. Was blieb ihm anderes, als sie sich zu fantasieren? Der Expressionismus seiner frühen Texte war nicht nur freiwillig.

Nach weniger als einem Monat war Dürrenmatt wegen Kurzsichtigkeit aus der Rekrutenschule entlassen worden. Frisch absolvierte 650 Tage Aktivdienst. Die Schweizer Armee, gegen die später beide polemisierten, erlebte Kanonier Frisch anders und schmerzlicher als der jugendliche Chaot Dürrenmatt: den Kastendünkel der Offiziere, die hierarchische Ordnung einer Männergesellschaft, also auch die Grenzen und inneren Widersprüche einer Notstandsdemokratie mit beschränkter Haftung. Durchaus auch demütigende Erfahrungen, trotz gelegentlich aufblühender Brotsack-Idyllik. Den Aktivdienst empfand Max Frisch zeitlebens als einen Diebstahl an Lebenszeit. Dürrenmatt, aus der Perspektive jedes gestandenen Troupiers ein bizarrer Außenseiter, wurde gerade mal zu ein paar Wochen Hilfsdienst eingezogen. Der Militärdienst blieb ihm erspart oder verwehrt, wie man's nimmt.

Die Einschränkung, das »Gefängnis«, provozierte erst die Fantasie des jungen Dürrenmatt. Die Passage, in der er sich mit jener Zeit und Befindlichkeit befaßt, ist, wie alles in den *Stoffen,* ein nachträglicher Widerschein, gestaltete Prosa. Er ist mit seinem Leben literarisch anders umgegangen als Frisch. Ein Offenbarungseid, wie ihn Frisch seiner Erzählung *Montauk* in Form eines Mottos aus Montaignes *Essais* voranstellte (»Dies ist ein aufrichtiges Buch, Leser…«), ist bei ihm undenkbar, wie überhaupt Frischs virtuoses Balancieren zwischen Intimität und Stilisierung, Bekenntnis und Form. Allerdings hat auch Dürrenmatt Leben und Erleben gestaltet, und nicht nur dort, wo er sich damit in der späten Prosa literarisch befaßt. Kurz: daß er in der Beschreibung des nicht erlittenen, aber vorgestellten Kriegs zum Vokabular des Theaters greift, ist nachträgliche Interpretation, aber nicht zufällig: »Der Krieg spielte sich für die Stadt wie hinter fernen Kulissen ab. Sie war während des Kriegs verdunkelt, Gasmasken wurden an die Bevölkerung verteilt, Luftschutzwarte aufgestellt. Oft hörte man amerikanische und englische Bomber, die irgendwo über der Stadt nach Oberitalien einflogen, die Sirenen heulten auf, die Lichtstrahlen der Scheinwerfer durchschnitten die Nacht, die Flugzeugabwehrgeschütze blitzten und dröhnten, alles aufgezogene Theatralik, militärische Neutralitätsgestik, seltsam gefahrlos […]. Wer hier, angesichts dessen, was anderswo geschah, zu heroisieren versucht, macht sich lächerlich, doch gab es meiner Einbildungskraft den ersten Antrieb, diese Welt, diese Stadt und den nahen und doch unwirklichen Krieg zu einem Bild zu formen, dieses Morden ringsherum, hinter den Hügeln des Jura, hinter den Alpen, jenseits des Rheins und noch weiter, in der Libyschen Wüste, im Fernen Osten, in den Steppen Rußlands, dieses sinnlose Gemetzel, das sich wieder zu entfernen schien und dann doch näher kam […] in seinem männischen Heroismus, in seiner teutonischen Götterdämmerung.«[29]

Dürrenmatt, einmal verheiratet und nach dem Abbruch aller Brücken zum bürgerlichen Erwerbsleben vorerst (und noch ziemlich lange) auf Unterstützung von allen Seiten angewiesen, konnte seine Frau und bald seinen Sohn Peter mit äußerster Selbstbeschränkung kaum ernähren. Noch nach dem Umzug der Familie von Basel an den Bielersee scheute sich Lotti Dürrenmatt nicht, bei den Bauern der Umgebung Lebensmittel zu erbetteln. An Reisen ins Ausland war 1946 jedenfalls nicht zu denken. Auch Frisch mußte haushalten, aber doch in anderem Rahmen. Mit den nicht vergleichbaren finanziellen Möglichkeiten der beiden ist allerdings keineswegs erklärt, warum Max Frisch sich, anders als Friedrich Dürrenmatt, mit dem Nachkriegsdeutschland auf zahlreichen Reisen, in vielen Gesprächen und direkten Begegnungen auseinandersetzte, irritiert von dem, was Alexander Mitscherlich später die »Unfähigkeit zu trauern« nennen sollte. Dabei immer bemüht, Selbstgerechtigkeit zu vermeiden: »Auch dort, wo das Versagen des Geistes nicht zur aktiven Kriminalität reicht und sich nicht als Massaker darstellt, erkennen wir es als Schuld, beispielsweise in dem Umstand, daß unsere gesamte schweizerische Presse, solange es unser Vaterland hätte gefährden können, zu ebenjenen Massakern schweigen mußte und schwieg. Nur daß wir es beim Nachbar als Mangel an bürgerlichem Mut bezeichnen, somit als Schuld, im eigenen Land aber als Staatsraison. Das meiste, was heute die öffentliche Empörung weckt, hätte auch unser Volk schon lange wissen können und müssen; die Zensur hat uns davon dispensiert, die umlaufenden Gerüchte glauben zu müssen. Und wir haben die Zensur geduldet.«[30] Frisch hat sich mit »dem Zeitereignis« direkt auseinandergesetzt, in Briefen, im ersten Tagebuch, in seinen Stücken (*Nun singen sie wieder*, 1945; *Als der Krieg zu Ende war*, 1948). Dürrenmatt hat den »Abgrund« indirekt ausgelotet, in sich, in seiner Phantasie. Und er hat ihn ausgelagert an historische archimedische Punkte: die Herrschaft der Wiedertäufer über die Stadt Münster (1534–1536), den dreißigjährigen Krieg (*Es steht geschrieben,* 1947; *Der Blinde*, 1948). »Versuche, jene Vergangenheit zu gestalten, die FD (Jahrgang 21) mitgemacht und die ihn gemacht hatte, obgleich er sie aus der Abgeschiedenheit der Schweiz heraus erlebte, verschont und gefangen [...]. Es sind Stücke sowohl der Nähe als auch der Distanz, von der Frage angeregt, wie wohl Hitler und damit der Glaube an ihn möglich geworden war.«[31] Noch *Romulus* war, wie dem Zeitgenossen Frisch nicht entging, ein indirektes Stück zur Zeit: »aber die Situation ist unsere: Ausverkauf einer Kultur«. Als Marion Gräfin Dönhoff 1984 bei Dürrenmatt ein Stück mit dem »Stoff 20. Juli« anregte, schrieb der zurück (16.8.1984), seine Anwort sei längst erfolgt, nämlich in Form des *Romulus* (der letzte römische Kaiser war der erste von Dürrenmatts »verdienstvollen Verrätern«). Irrtum vorbehalten, war das Gastspiel des Basler Theaters mit *Romulus* in Stuttgart Dürrenmatts erste Reise ins Nachkriegsdeutschland. Am 8.5.1949 schreibt er an Wyss: »Mein Lieber, nur so viel von diesem Land: Wie sehr habe ich mir gewünscht, dich mit mir zu haben, unsere Einsicht hat sich dort bestätigt, ich werde nie in Deutschland wohnen. Was den *Romulus* betrifft: Er ließ die Odoakers gleichgültig. /

Jetzt, da ich wieder hier bin, bin ich wie befreit, ich weiß nun, in welchem Lande ich mich durchschlagen muß.« (»Gleichgültig«: das war stark untertrieben. Bei Odoakers Ankündigung »Ich kehre mit meinen hunderttausend Soldaten im Trauermarsch nach Germanien zurück und klettere mit meinem ganzen Volk wieder auf die Bäume«, brach ein Tumult aus.)[32]

Kultur als Alibi

In ihrer Skepsis gegenüber dem Nachbarn im Norden griffen Frisch und Dürrenmatt zu fast identischen Formulierungen. In einem nachgelassenen Gedicht, wohl aus diesem Frühling 1949, *Wenn ich durch die Städte Deutschlands gehe,* geht Dürrenmatt mit den »Primussen der Menschheit in jeder nur denkbaren Lage« ins Gericht: »Einst Weltmeister im Dichten und Denken. Schinder nicht aus Wildheit / sondern aus Anmaßung, stolz noch auf ihre Leiden« – das ist genau die Position Frischs (»die ersten im Siegen, die ersten im Leiden«). Der bringt allerdings in einem Votum, das er vor der ›Schweizerisch-deutschen Kulturvereinigung‹ hielt und 1949 in ›Der Monat‹ publizierte, das Thema auf den Punkt, der ihn seit längerem irritiert. Der Aufsatz trägt den Titel *Kultur als Alibi,* und er enthält nachdenkliche Sätze auch über die Schweizer: »Die tausend Geschichten, die man uns erzählt, haben mich mehr und mehr unsicher gemacht, wie ich mich in einer ähnlichen Lage selber verhalten hätte. Sie haben uns erschüttert. Ich meine damit nicht eine Rührung, eine vorübergehende

Stimmung, sondern eine durchaus bleibende Veränderung. Sie haben unser Vertrauen in die eigene Menschlichkeit erschüttert. Menschen, die ich als verwandt empfinde, sind Unmenschen geworden.« Dann setzt er zu einer Kulturkritik an, die sich schon in *Nun singen sie wieder* abzeichnete: »ich habe einen Menschen gekannt, der spielte solche Musik, wunderbar [...] Und doch ist es der gleiche Mensch, der Hunderte von Geiseln erschießt, Frauen und Kinder verbrennt – genau der gleiche, so wie er Cello spielt, so innerlich, verstehst du, so innerlich...« Woher die Figur des Herbert, der damit gemeint ist, kommt, spricht Frisch im Aufsatz von 1949 aus: zu den entscheidenden Erfahrungen, »die unsere Generation hat machen müssen«, gehöre die Tatsache, daß »ein Mann wie Heydrich, der Mörder von Böhmen, ein hervorragender und sehr empfindsamer Musiker gewesen ist, der sich mit Geist und echter Kennerschaft, sogar mit Liebe hat unterhalten können über Bach, Händel, Mozart, Beethoven, Bruckner. Nennen wir es, was diese Menschenart auszeichnet, eine ästhetische Kultur.« Kultur als nobler Götze, »eine Kunst, die nach oben ausweicht«[33]. Heydrich als Beispiel für Kunst als »sittliche Schizophrenie«. Immer wieder treibt ihn die Frage um: Goethe, Stifter, Hölderlin, »Genie als Alibi«.

»Goethe als Nothelfer«, das war im Deutschland der Stunde eins eine verbreitete Hoffnung. In den Feiern zum 200. Geburtstag 1948 kulminierte ein eigentlicher Goethe-Kult, gegen den Karl Jaspers schon in seiner Dankrede nach der Verleihung des Goethe-Preises ein Jahr zuvor polemisiert hatte. Jaspers, ab 1948 in Basel lehrend, war der Antipode von Martin Heidegger. Der Mann, der aus Heideggers

Philosophie die ästhetischen Konsequenzen zog, war Emil Staiger. Dessen dreibändige Goethe-Monographie erschien zwar erst zwischen 1957 und 1959, gründete aber auf langen Vorstudien. Staigers Basler Antipode war Walter Muschg. Dessen *Tragische Literaturgeschichte* erschien in erster Auflage 1948 und vertrat die Gegenposition dessen, was Staiger als Methode der immanenten Interpretation entwickelte. Frisch verkehrte, anders als Dürrenmatt, freundschaftlich, aber beiderseits auch immer wieder angespannt freundschaftlich mit Staiger. Im Kern aber – für was anderes als »ästhetische Kultur« steht die »Werkimmanenz«, im Gegensatz zu Muschgs Typologie des dichterischen Antriebs – trennten die beiden Welten. Der späte Eklat nach Staigers Zürcher Rede von 1966, der als »Zürcher Literaturstreit« in die Geschichte eingehen sollte, war überfällig und in der Sache schon in den ersten Nachkriegsjahren angelegt[34].

Dürrenmatt äußerte sich manchmal krud über Goethe und manchmal humoristisch. In der Agenda 1954 findet sich der Eintrag: »Der Unsinn der allzugroßen Goethe-Verehrung heute. Jedes Scheißblatt wird herausgegeben und bewundert.« Im Vorwort des Kriminalromans *Das Versprechen* läßt er den Erzähler »vor der Andreas-Dahinden-Gesellschaft in Chur« antreten zu einem Vortrag »über die Kunst, Kriminalromane zu schreiben«, »Publikum war nur spärlich vorhanden, da gleichzeitig in der Aula des Gymnasiums Emil Staiger über den späten Goethe las.« Die *Theaterprobleme,* den Entwurf seiner Dramaturgie aus dem Jahr 1954, hatte er so beschlossen: »Die Forderungen, welche die Ästhetik an den Künstler stellt, steigern sich von

Tag zu Tag, alles ist nur noch auf das Vollkommene aus, die Perfektion wird von ihm verlangt, die man in die Klassiker hineininterpretiert – ein vermeintlicher Rückschritt, und schon läßt man ihn fallen. So wird ein Klima erzeugt, in welchem sich nur noch Literatur studieren, aber nicht mehr machen läßt. Wie besteht der Künstler in einer Welt der Bildung, der Alphabeten? Eine Frage, die mich bedrückt, auf die ich noch keine Anwort weiß. Vielleicht am besten, indem er Kriminalromane schreibt, Kunst da tut, wo sie niemand vermutet. Die Literatur muß so leicht werden, daß sie auf der Waage der heutigen Literaturkritik nichts mehr wiegt: Nur so wird sie wieder gewichtig.«[35]

Was Frisch als das »Ästhetische« suspekt war, nannte Dürrenmatt gelegentlich auch »Stil«. Sie meinten das gleiche: eine hermetische, formalistische, sich jenseits von gesellschaftlicher Verbindlichkeit, also Moral oder Ethik verselbständigende, im Jargon der Zeit »nihilistische« Kunst (irritiert waren beide z. B. von Ernst Jünger). Die war nicht auf Deutschland beschränkt, dort aber, vor allem im Rückzug auf die »ewigen Werte« der Klassik, besonders verehrt (»Klassik« im engen Wortsinn und dem des Klassizismus). Die Deutschen hatten die Katastrophe zu verantworten. Sie seien, so Frisch, besonders anfällig für die »Kunst, die nach oben entweicht«, und so gesehen erscheine der helvetische Holzboden geradezu als ein Glück: »das allenthalben unerläßliche Gefühl, Kultur zu haben, beziehen wir kaum aus der Tatsache, daß wir Künstler haben – sonst würde man ja unsere Künstler wohl auch ernähren können! – zumindest empfinden wir die Begabung eines Gotthelf nicht als Entschuldigung dafür, daß es in diesem Land auch Meuchelmörder gibt. Unter Kultur zählen wir wohl in erster Linie die staatsbürgerlichen Leistungen, unsere gemeinschaftliche Haltung mehr als das künstlerische oder wissenschaftliche Meisterwerk eines einzelnen Staatsbürgers. Auch wenn es für den schweizerischen Künstler oft eine erstickende Luft ist, was ihn in seiner Heimat umgibt, so ist dieses Übel, das uns persönlich trifft, doch nur die Kehrseite einer Haltung, die wir als Ganzes vollauf bejahen. Eben weil die gegenteilige Haltung, die ästhetische Kultur, zu einem fürchterlichen Schiffbruch geführt hat.«[36]

Im ersten Tagebuch denkt Frisch immer wieder über die Begriffe Kunst und Kultur nach, und über das Verhältnis, welches die Schweizer mit ihren Künstlern unterhalten: diese schulterklopfende Herablassung, und dann doch, wenn's um die historisch gesicherten Werte geht, der »angestaute Ehrgeiz, der auf Weltmeisterschaften lauert«. Anderseits – und es hindert Frisch nicht, seine Kritik des *Romulus* mit dem Wunsch zu schließen, es sei zu hoffen, »daß dieser Mann [Dürrenmatt] nicht zum Auswandern genötigt wird, weil seine Heimat, das reichste Land in Europa, ihn nicht zu ernähren vermag«: »Anderseits hat es auch wieder seinen Segen, wenn man einem Volk angehört, das seine Künstler niemals durch Verwöhnung verdirbt, und zwar ohne jede Ironie: der deutsche und vielleicht abendländische Irrtum, daß wir Kultur haben, wenn wir Sinfonien hören, ist hierzulande kaum möglich; der Künstler nicht als Statthalter der Kultur; er ist nur ein Glied unter anderen; Kultur als eine Sache des ganzen Volkes; wir erkennen sie nicht allein auf dem Bücherschrank und am Flügel, sondern ebensosehr in der Art, wie man seine Untergebenen behandelt. Sofern man Kultur in diesem Sinne meint, der mir der zukünftige scheint, müßten wir in keiner Weise erschrecken, wenn sie uns gelegentlich einen Anachronismus nennen; ich meine weniger die Verwirklichung, sondern die Idee der Schweiz, die ich vor allem liebe, und wenn ich noch einmal aus freien Stücken wählen könnte, was die Geburt schon entschieden hat, möchte ich trotzdem nichts anderes als ein Schweizer sein; nach der Idee, die unsere eigentliche Heimat ist, sind es natürlich auch einzelne Landschaften, die man liebt, aber erst in zweiter Linie; am wenigsten weiß ich, ob ich unsere Landsleute liebe – sicher nicht mehr als die entsprechenden Gesichter aus anderen Völkern, und es erschiene mir nicht einmal als Ziel, im Gegenteil; Liebe zum Vaterland, so verstanden, wird zum Verrat an der Heimat; unsere Heimat ist der Mensch; ihm vor allem gehört unsere Treue; daß sich Vaterland und Menschheit nicht ausschließen, darin besteht ja das große Glück, Sohn eines kleinen Landes zu sein.«[37] Wie kritisch, scharf, insistent und unversöhnlich sich Frisch mit der Schweiz später auseinandersetzen wird, mit jener Schweiz, welche ihre »Idee« verrät oder ihre Utopie, bis hin zu jenem späten bitteren Satz vom »verluderten Staat« – im Grunde war er unter vielen unheimlichen Patrioten ein heimlicher Patriot. Wie anders und gelassener auch Dürrenmatt, der in seinem im Erscheinungsjahr von Frischs erstem Tagebuch, 1950, geschriebenen *Schweizerpsalm I* allerdings sein ganzes barockes Pathos und jede Menge Ausrufungszeichen mobilisiert: »O Schweiz! Don Quijote der Völker! Warum muß ich dich lieben! // Wie oft, in der Verzweiflung, ballte ich bleich die Faust gegen Dich / entstelltes Antlitz! // Wie ein Maulwurf hütest Du deine Schätze. Es vermodert, was Du liebst, / und nur, was Du gering achtest, bleibt. // Ich liebe Dich anders, als Du geliebt sein willst. / Ich bewundere Dich nicht. Ich lasse nicht ab von Dir, / ein Wolf, der sich in Dich verbiß. // Deine Sattheit mit Füßen stampfend, höhne ich Dich, wo Du schlecht bist. Deine Ahnen / lassen mich kalt, ich gähne, wenn ich von ihnen höre. // Nicht das liebe ich, was Du bist, nicht das, was Du warst, / Aber Deine Möglichkeit liebe ich«, undsoweiter: kein großes Gedicht, aber eine Liebeserklärung der anderen Art, wie Frischs gesamte, sich anders, nämlich an konkreter Politik entzündende Kritik der Schweiz.

Kein kleiner gemeinsamer Nenner zwischen den beiden ungleichen Zeitgenossen, alles in allem. Inwiefern dann im Deutschland des Wirtschaftswunders und des kalten Kriegs ihre kritische Haltung gegenüber den Nachkriegsdeutschen bei gleichzeitiger Bereitschaft zu schweizerischer Selbstkritik Grund war für ihren zuerst im eigenen, dem deutschen Sprachraum gewachsenen Ruhm, wäre in einer eigenen Untersuchung zu klären; in gewisser Hinsicht waren sie auf dem Theater die zweite Besetzung für den als wirklicher oder vermeintlicher DDR-Staatsautor tabuisierten Brecht. Was die Vermeidung von schweizerischer Arroganz gegen die Deutschen betrifft: in seinem zweiten Kriminalroman *Der Verdacht* denkt sich Dürrenmatt eine besondere Pointe aus. Der sadistisch-nihilistische Nazi-Arzt, gegen den Bärlach unter Einsatz seines Lebens ermittelt, ist in Wahrheit ein Berner namens Emmenberger, und es stehen da Sätze wie: »Was in Deutschland geschah, geschieht in jedem Land, wenn gewisse Bedingungen eintreten. Diese Bedingungen mögen verschieden sein. Kein Mensch, kein Volk ist eine Ausnahme. Von einem Juden […] hörte ich, es gebe nur einen Unterschied bei den Menschen: den zwischen den Peinigern und den Gepeinigten. Ich glaube jedoch, es gibt auch den Unterschied zwischen den Versuchten und den Verschonten. Da gehören denn die Schweizer […] zu den Verschonten, was eine Gnade ist und kein Fehler, wie viele sagen; denn wir sollen ja auch beten: ›Führe uns nicht in Versuchung‹.«[38]

Engagement und Dramaturgie: Die Schweiz als Thema

Über die Jahre sollte sich dann das Vorurteil vom politischen Frisch und vom unpolitischen Dürrenmatt festsetzen, ja die Vorstellung, der zweite habe das konkrete politische Engagement des ersten verlacht. Tatsächlich war Frischs Auseinandersetzung mit Architektur und Städtebau (am bekanntesten: *achtung: die Schweiz*, 1955), im Kern die Kritik einer Schweiz »ohne Utopie«, einer Demokratie, in der die unerläßlichen politischen Kompromisse nicht erkämpft, sondern voreilig vorausgesetzt werden – tatsächlich war »die politische Seite des Stillers, die mit deinem Stadtabenteuer eine Wendung genommen hat, die ich nicht ganz kapiere« zumindest ein Vorwand für Dürrenmatt, die versprochene Besprechung von *Stiller* weiter hinauszuschieben[39]. Und es stimmt, daß sich Dürrenmatt später darüber mokierte, daß Frisch (der selber nie Parteimitglied war) seine Rede vor dem Parteitag der SPS 1976 mit der Anrede »Genossinnen und Genossen« eröffnete (»Wie peinlich. [...] Ich kann keiner Partei beitreten, auch der Partei Gottes nicht.«[40]). Aber er sagte auch, zehn Jahre und ein paar Verletzungen früher: »Politik ist eine Angelegenheit, die vor allem die Nichtpolitiker angeht [...]. Darum scheint es mir auch so wichtig, daß sich Leute wie Frisch zu politischen Fragen äußern.«[41]

Dürrenmatt dachte nicht weniger politisch als Frisch, aber anders (wenn Frisch zum Schauspieler Ernst Schröder sagte, »ach, weißt du, der Fritz lebt doch eigentlich ohne sozialen Bezug«, so war das auch einer der bitteren Sätze, wie sie einem enttäuschten Liebhaber über die Lippen rutschen). Anderseits haben die sich verschärfenden Debatten und Polemiken zwischen Frisch und dem Schweizer Bürgertum dazu geführt, daß hinter dem politisch engagierten Zeitgenossen der Künstler Frisch zeitweise kaum mehr wahrgenommen wurde.

Beide waren sie Antikommunisten, aber Dürrenmatt war es, weil er als Kantianer und Kierkegaardianer Anti-Hegelianer war (Hegel war philosophiegeschichtlich die Voraussetzung von Marx, der ihn nach dem berühmten Diktum »vom Kopf auf die Füße stellte«), Frisch, weil er den real existierenden Sozialismus als Verrat am »sozialistischen Humanismus« verstand: den stalinistischen Umsturz in Prag 1948 verurteilte Frisch ebenso wie die Besetzung der Tschechoslowakei 1968 – im Basler Stadttheater hielt er dazu ebenso eine Rede wie Friedrich Dürrenmatt, Peter Bichsel, Günter Grass und Kurt Marti.

Beide waren sie aber auch Anti-Antikommunisten, entsetzt etwa ob der Verfolgung, welche in einer eigentlich hysterischen Pogromstimmung der marxistische Kunsthistoriker Konrad Farner und seine Familie nach dem Ungarn-Aufstand 1956 in Thalwil zu erdulden hatten (beide teilten sich übrigens während Jahren in die Unterstützung Farners). Beide waren sie Anfang der sechziger Jahre gegen den grotesken Plan einer starken Fraktion des Generalstabs, eine Atombewaffnung der Schweizer Armee durchzusetzen. Beide waren sie überhaupt Armee-Skeptiker, setzten sich für Dienstverweigerer ein (Dürrenmatt verteidigte seinen Sohn Peter vor dem Divisionsgericht, reichte einen Teil des Berner Literaturpreises an den Dienstverweigerer Arthur Villard weiter). Beide befaßten sich mit der Vergangenheit der Schweiz, noch bevor Alfred A. Häslers Untersuchung zur schweizerischen Flüchtlingspolitik 1933–1945 erschien (*Das Boot ist voll,* 1967). »Um unsere Vergangenheit, ich meine unsere Maßnahmen und Unterlassungen in der Hitlerzeit, ist es still«, sagte Frisch 1964 in Rom Paul Ignaz Vogel von der kleinen linken Zeitschrift ›neutralität‹ (auch Vogel erhielt 1969 einen Drittel von Dürrenmatts Berner Preissumme), ein Interview, das die ›NZZ‹ sofort zu einer Gegenpolemik herausforderte, die den in Rom lebenden, aber bereits den Umzug ins Tessin planenden Frisch zwischen den Zeilen als vaterlandslosen Gesellen diffamierte[42]. Beide wenden sich gegen den Slogan von der »unbewältigten schweizerischen Vergangenheit«. »Der Begriff ist in Deutschland formuliert worden«, schreibt Frisch 1965 in der ›neutralität‹. »Sprechen wir von der unbewältigten Vergangenheit der Schweiz, so wirkt es peinlich, Gewissensqual aus zweiter Hand; es riecht nach intellektueller Anbiederung an Deutschland und somit provinziell; es wirkt sogar komisch durch die Verspätung. Vor allem verhindert dieser Slogan, daß uns die Dinge, die er etikettiert, wirklich zu schaffen machen. Erstens wird man sagen müssen: Himmler und unser Rothmund, das ist dann immerhin noch ein Unterschied.« Zweitens sei ein Gewissen, »das sich als Plagiat formuliert«, wenig glaubhaft, aber höchst geschickt: es lege den Vergleich mit den deutschen Verhältnissen geradezu nahe, und der könne nur zugunsten der Schweiz ausfallen. Drittens aber sei schon erstaunlich, wie diese schweizerische Vergangenheit tatsächlich nicht erkennbar sei in der Schweizer Literatur, das Stück zum schweizerischen Dilemma während der Hitlerzeit gebe es zwar, aber es sei ein Stück von Brecht, *Der gute Mensch von Sezuan*, und Frisch kommt zur Frage: »Ist unser Land für seine Schriftsteller kein Gegenstand mehr?«[43] Sein Modell *Andorra* verschweigt er, ebenso die von ihm bewunderte *Alte Dame* Dürrenmatts: beide Stücke meinen tatsächlich auch, aber nicht besonders die Schweiz. Wichtiger: Frisch fragt die jüngere Schriftsteller-Generation[44]. Zu der gehörten er und der Autor von *Herkules und der Stall des Augias* nicht mehr.

Dürrenmatt entwickelte (nun allerdings nach Erscheinen von Häslers Buch) einen größeren Text *Zur Dramaturgie der Schweiz*. Er ist bezeichnend für seinen Umgang mit politischen Themen. Er erörtert sie aus größerer oder kleinerer zeitlicher Distanz – wenn er nicht gerade im lockeren Gespräch, etwa mit dem genannten Alfred A. Häsler zum 1. August 1966, sich zu Verfassung und Befindlichkeit des schweizerischen Staatswesens vernehmen läßt; allemal ist dann, nicht anders als bei dem gegen Karl Schmids *Unbe-*

hagen im Kleinstaat argumentierenden Frisch, das Bekenntnis zum Kleinstaat ein durchgehender Orgelton, das Bekenntnis zur Schweiz als einem aus einer Niederlage hervorgegangenen pragmatisch-nüchternen Zweckverband: »Man stirbt nicht für einen Staat, man stirbt für ein Vaterland [...] Ich gehe ungern in den Krieg, um das Funktionieren der SBB zu verteidigen.« Ansonsten sieht er auch die jüngere Geschichte und die aktuelle Politik aus dramaturgischem Blickwinkel. Dramaturgie meint bei ihm keine theaterpraktische Kategorie (wie bringe ich einen Stoff als Stück zum Laufen), sondern eine aus dem Gegenstand entwickelte Denkweise (so trägt ein später Text den Titel *Dramaturgie der Vorstellungskraft*). Dürrenmatt geht in dem Text *Zur Dramaturgie der Schweiz* von Frischs Frage aus, ohne explizit daran anzuknüpfen. »Der Grund, weshalb die Schweiz keine Theaterstücke über ihre unbewältigte Vergangenheit besitzt, liegt einfach darin, daß die Schweiz keine unbewältigte Vergangenheit aufweist. [...] Die Schweiz hatte politisch nur eine Aufgabe zu lösen, die alle anderen politischen Aufgaben nebensächlich machte, die sich damals noch stellten: Den Krieg vermittels ihrer Politik zu vermeiden, und sie vermied ihn mittels ihrer Politik. Eine andere Frage ist natürlich, wie sie ihn vermied. [...] Die Politik ist nicht besser als die Menschen, die sie betreiben [...]. So zogen wir uns denn schweizerisch aus einer unmenschlichen Lage: Nicht unklug, mit hohem moralischem Anspruch und mit moralisch oft bedenklicher Praxis. Neutralität ist eine politische Taktik, keine Moral. [...] Unsere Fehler und unsere Tugenden, unsere Feigheit und unser Mut, unsere Unterlassungen und unsere humanen Gesten, unsere Dummheit und unsere Klugheit, unser Nachgeben und unser Widerstand dienten unbewußt nur dem Ziel, davonzukommen. [...] Unser Davonkommen war nicht vorbildlich, auch eine erfolgreiche Politik hat ihre bitterbösen Seiten. Wir ließen unsere Opfer nicht ins Land oder schoben sie wieder über die Grenze und damit aus unserem Bewußtsein. Wir hatten Verräter, wir erschossen sie, wir hatten Mitläufer, wir vergaßen sie, wir hatten Antisemiten, wir haben sie noch. Wir bewährten uns, indem wir es nicht ganz zur Bewährung kommen ließen, wir hielten an unseren Idealen fest, ohne sie unbedingt anzuwenden, wir schlossen die Augen, ohne gerade blind zu werden. Tell spannte zwar die Armbrust, doch grüßte er den Hut ein wenig – beinahe fast nicht –, und das Heldentum blieb uns erspart.« Und: »Unser übertriebener Antikommunismus ist zu einem Ritual geworden, zu einem Stammestanz der Schweizer. Er ist emotional. Er hängt mit unserer bewältigten Vergangenheit zusammen. Wir wurden verschont. Wir mußten unsere politische Gerissenheit mit einer moralischen Einbuße bezahlen. Wir standen in der heldischen Welt der Kriegsgewinner plötzlich als Kriegsgewinnler da, ohne Möglichkeit, uns wie die Deutschen vom Heldentum aufs Leiden umzustellen, wir hatten nicht einmal gelitten. Wie der Reiter nach seinem Ritt über den Bodensee vom Pferde sank, fielen wir nachträglich in eine moralische Krise. Gewohnt, als Vorbild zu gelten, versuchen wir seitdem, wieder eines zu werden. Da wir keine Kriegshelden waren, wollen wir nun wenigstens die Helden des kalten Krieges sein.« Und dann die zentralen Sätze: »Die Schweiz (wie etwa auch Schweden) ist der Tragik aus dem Wege gegangen, darum ist sie kein tragischer Gegenstand, sondern ein untragischer Fall in einer tragischen Zeit. Tragisch sind nur ihre Opfer. ›Die letzte Chance‹ wäre ein größerer und damit wahrerer Film geworden, hätte er ein schlimmes Ende genommen, wären die Emigranten wieder ausgewiesen worden. Nicht, daß wir keine Emigranten aufgenommen hätten, doch Größe zeigt sich nur, wenn man zu seinem Versagen steht. Zu unserem Davonkommen gehört die Schuld; gerade hier erweist sich die Schweiz als klein, kleiner noch als auf der Landkarte. Sie sieht ihre Vergangenheit nur heldisch und human, sie will schuldlos davongekommen sein. Doch ist es falsch, unsere bewältigte Vergangenheit nun ins Teuflische umzudichten, daß sie menschlich war, genügt, man bedichte sie lieber überhaupt nicht.«[45]

Dürrenmatt machte sich mit Provokationen wie der Weitergabe des Berner Literaturpreises 1969 (und dem Umstand, daß er zum anschließenden offiziellen Bankett in Begleitung einer Handvoll Rocker auftauchte) bei den Stützen der Gesellschaft gewiß nicht beliebt. Aber er wurde als Hofnarr geduldet. Frisch grenzte man als »Staatsfeind« aus (die sich seit den vierziger Jahren zuspitzende Fehde mit der ›NZZ‹ war dafür einer der Gründe). Peter Bichsel, eine Zeitlang Berater des sozialdemokratischen Bundesrates, besteht darauf, daß ihm Willi Ritschard ein aus Generalstabskreisen stammendes umfangreiches Dossier mit dem Titel ›Max Frisch: Staatsfeind Nr. 1‹ gezeigt habe. Natürlich schlugen solche mehr oder weniger unfreiwillig aufgedrängte Rollen auf ihre Träger durch, und selbstverständlich war die eine schwerer zu ertragen als die andere. Wer weiß, daß Teile des Verwaltungsrats des Zürcher Schauspielhauses noch 1989 die Aufführung von Frischs wahrlich altersmildem Dialog *Jonas und sein Veteran* verhindern wollten, wer sich an die Groteske erinnert, die um Adolf Muschgs Vorschlag entbrannte, Frisch zum 70. Geburtstag 1981 den Ehrendoktor der ETH Zürich zu verleihen (allenfalls zusammen mit Dürrenmatt, meinten die dafür zuständigen Gremien der Hochschule), wer hört, welchen Rempeleien Marianne Frisch ausgesetzt war, wenn sie mal allein und unerkannt auf einer Zürcher Gesellschaft auftauchte und bekannt wurde, wessen Gattin sie sei – der kann sich schon fragen, ob nicht auch Frischs Nobelpreisnomination von Zürich aus hintertrieben wurde. In einem von ihm nicht gemeinten Sinn hatte Dürrenmatt schon recht: Frisch hätte den Preis dringend brauchen können. Sein Gefühl, verfolgt zu werden, war kein Wahn.

Volker Hage, mit der Ausarbeitung einer Monographie über Max Frisch für die Taschenbuchreihe des Rowohlt Verlags beauftragt, fragte Frisch 1982, was in einer solchen biographischen Arbeit seiner Meinung nach keinesfalls fehlen dürfe. Er erhielt einen Zettel mit folgenden Merkpunkten: 1.) wichtig: Schauspielhaus ZH (1933–1950). / 2.) Schriftsprache – Mundart. 3.) Politisierung: 1. jüdische Braut / 2. Urbanismus (1950–1960) 3. Brecht / 4.) Heimat-Thema (Schweiz/Rede). /5. Architektur: als Beruf, gesellschaftliche Funktion; Angestellter, Boss etc. – als Erfahrung (nicht Ideologie)[46]. Drei der Punkte hätte, danach gefragt, auch Dürrenmatt genannt: das Schauspielhaus als Werkstatt und »andere Lebensform«, wie er sagte; das Verhältnis von Schrift- und Sprechspache; die Schweiz als »der Ort hinter dem Mond«, von dem aus die Welt sich erst wahrnehmen läßt und die sich vaterländisches Pathos nicht leisten kann, will sie nicht lächerlich werden.

Das Unterthema Brecht war Dürrenmatt zumindest nicht gleichgültig, wenn auch nicht als politisierender Faktor – zur Auseinandersetzung mit dem Kommunismus regten ihn eher Diskussionen mit dem Bühnenbildner Teo Otto an. Im persönlichen Gespräch mit Brecht, der die Basler Uraufführung von *Romulus der Große* sah, will Dürrenmatt über nichts als Zigarren gesprochen haben, dem großen Stückeschreiber gegenüber zu dem Zeitpunkt denn doch zu schüchtern. BB schätzte das Stück, brachte in einem Brief an Kurt Hirschfeld[47] durchwegs einleuchtende Verbesserungsvorschläge an (im übrigen belegt der Brief, daß denn doch über mehr als Zigarren gesprochen wurde), und wollte es Thornton Wilder empfohlen wissen. Anfangs der fünfziger Jahre soll ihn Brecht nach Dürrenmatts Erinnerung als Dramaturg ans neu gegründete Berliner Ensemble eingeladen haben (ein Beleg fand sich bis heute in keinem der Nachlässe). Brecht blieb dramaturgisch immer ein Referenzpunkt, auch wenn die Zuneigung nicht persönlich grundiert war wie bei Frisch, der sich mit BB nicht nur in zahlreichen Reden und Aufsätzen befaßte, sondern auch in einer besonders schönen Erinnerungsskizze des zweiten Tagebuchs. Dürrenmatts Verhältnis zum Stückeschreiber war weniger persönlich, aber, in der Sache, nicht weniger intensiv. Noch im Gespräch mit Arnold 1975 entwirft er eine fulminante Gegenkonzeption zum *Galilei*. Sie läßt ahnen, wie fruchtbar eine Zusammenarbeit zwischen Brecht und Dürrenmatt hätte werden können, in den fünfziger Jahren (Brecht hatte keinesfalls ideologische Berührungsängste: er unternahm auch den Versuch, den zum Katholizismus konvertierten Ernst Ginsberg für das ›Berliner Ensemble‹ zu gewinnen).

Hausautoren, Autorenhaus: das Schauspielhaus Zürich als Schmiere und Welttheater

In der Spielzeit 1946/47 las sich der Spielplan des Schauspielhauses so: Amphytrion von Heinrich von Kleist; Baumeister Solness von Henrik Ibsen; Der Biberpelz von Gerhart Hauptmann; Gespenster von Henrik Ibsen; Deutschsprachige Erstaufführung: Jeanne mit uns von Claude Vermorel; Uraufführung: *Die Chinesische Mauer* von Max Frisch; Dr. med. Hiob Prätorius von Curt Goetz; Der eingebildete Kranke von Molière; Macbeth von William Shakespeare; Uraufführung: Des Teufels General von Carl Zuckmayer; Uraufführung: Drum verzeihen Sie, ha-ha-ha von Curt Goetz; Die Glasmenagerie von Tennessee Williams; Der Tod auf dem Apfelbaum von Paul Osborn; Uraufführung: Brüder in Christo von Cäsar von Arx; Eurydike von Jean Anouilh; Vierundzwanzig Stunden von William Saroyan; Iphigenie auf Tauris von Johann Wolfgang Goethe; Uraufführung: *Es steht geschrieben* von Friedrich Dürrenmatt; Das Mädl aus der Vorstadt von Johann Nestroy; Ein Traumspiel von August Strindberg; Der Tod des Empedokles von Friedrich Hölderlin; Ein Sommernachtstraum von William Shakespeare; der Mord in der Kathedrale von T. S. Eliot.

Der nackte Wahnsinn. In Zürich kämpften Oscar Wälterlin, Direktor des Theaters am Pfauen seit 1938, der Gründung der Trägerschaft ›Neue Schauspiel AG‹, und Kurt Hirschfeld, als Chefdramaturg der eigentliche Kopf des Hauses und die wichtige Bezugsperson für die Autoren und also auch für Frisch und Dürrenmatt (tatsächlich hat er Frisch, von dem er gerade die *Blätter aus dem Brotsack* kannte, überhaupt erst motiviert, es mit einem Stück zu versuchen) – in Zürich kämpfte die Theaterleitung mit vielen alten Problemen und zusätzlich ein paar neuen. 1945 war für die Emigrantenbühne eine scharfe Zäsur, sie hatte eine neue *raison d'être* zu finden, die Zentrifugalkräfte, die nach Kriegsende die alte Notgemeinschaft am Heimplatz auseinanderrissen, waren groß. Provinzialität, zwischen 1933 und 1945 aus naheliegendem Grund kein Thema, wurde wieder eines. Wolfgang Langhoff und Wolfgang Heinz begannen mit dem Wiederaufbau des Theaters in der sowjetbesetzten Zone, der nachmaligen DDR, Karl Paryla gründete in Wien die ›Scala‹ (ebenfalls unter sowjetischer Besatzung), Ernst Ginsberg und Kurt Horwitz übernahmen vorübergehend die Leitung des Schauspiels Basel, das sie allerdings wenn nicht als Dépendance, so doch in ziemlich enger Zusammenarbeit mit dem Schauspielhaus Zürich führten.

Anderseits setzte schnell ein, was Henning Rischbieter einmal die »Gründgensisierung« des deutschen Nachkriegstheaters nannte: die Rückkehr der entnazifizierten Schauspieler und Regisseure von Goebbels' und Görings Staatstheatern auch an das Theater von Zürich. Die Emigrantenbühne, das Theater der Notgemeinschaft zwischen 1939 und 1945, wurde zum Mythos verklärt. Die Realität hatte anders ausgesehen, und sie dauerte noch an. Nach wie vor hatte ein schmales Ensemble in absurd kurzen Probezeiten eine so große Anzahl von Inszenierungen aus dem Boden zu stampfen, daß Jürgen Fehlings Wort von der »genialen Schmiere« so abwegig nicht war. Gelegentlich war die Schmiere auch nicht genial.

Das Schauspielhaus hat Frisch wie Dürrenmatt zur Welt gebracht, welche die Bretter bedeuten. Beiden war es, anderseits, mit zu verdanken, daß das Haus bis in die sechziger Jahre tatsächlich eine der führenden deutschsprachigen Bühnen blieb. Aber beide litten unter den Produktionsbedingungen und machten gelegentlich die Faust nicht nur im Sack: »Die gegenwärtige Mentalität unsres Schauspielhauses, das sich jeder Aufgabe glatt gewachsen fühlt, ist ja so bedrückend provinziell, daß ich zuweilen doch an den unleidigen Fehling denken muß, der Zürich, wenn auch aus sehr trüben Motiven heraus, eine Edelschmiere nannte«, schreibt Frisch an Horwitz[48], »und daß das Theater deutscher Sprache, soweit wirs wissen, ziemlich auf dem Hund ist, gibt ja noch keinen Maßstab, nur diesen sonderbaren müden Größenwahn, der auch das Achtbare, was unser Schauspielhaus wirklich geleistet hat, verunmöglicht.« Nach dem Mißerfolg von *Graf Öderland* (UA 10.2.1951) verfaßte Frisch ein größeres Memorandum, loyal nur zu Händen des Theaters, in welchem er die zu kurzen Probezeiten, vor allem aber die fehlende Courage beklagte, ein Stück gegen die Zürcher Presse durchzusetzen, also nichts zu unternehmen, was das für alle Folgeaufführungen fatale Stigma des Mißerfolgs relativieren könnte: »einerseits ist Zürich nicht imstande, ein Stück zu machen – wer von den

Damen und Herren, die hier die genannte Macht [der Presse] ausüben, hat einen Namen auch nur innerhalb des deutschen Sprachgebietes? – anderseits ist Zürich, wie es sich etwa beim ersten Dürrenmatt zeigte, durchaus imstande, ein Stück kaputtzumachen.«[49]

Dürrenmatt ging's nicht besser, das sieht Frisch richtig. »Ich war damals in Zürich, in jenen Dezembertagen vor einem Jahr [1949], da sie im Schauspielhaus den Romulus einstudierten, verzweifelt. Die Kläglichkeit der Aufführung, die Mißachtung, die mir das Schauspielhaus entgegenbrachte, die Notwendigkeit, das alles fressen zu müssen, verdüsterten mich« (Brief an Edy Wyss, 22.12.1950). Beide hatten sie gemeinsame Sorgen, beide teilten sie ihren Ärger. Gelegentlich trug der eine zum Ärger des andern bei: Dürrenmatts Kritik des *Öderland* in der ›Weltwoche‹ vom 16.2.1951 verstimmte Frisch mehr, als sein Brief (Nr. 12 in diesem Band) beim ersten Lesen offenbart: weniger wegen der vorgebrachten Einwände, als wegen der Öffentlichkeit, in der sie vorgebracht wurden (eine Öffentlichkeit, in der Frisch in solchen Fällen jedenfalls nur bedingt den »Partner« sehen konnte und wollte). Daß sie sich in der Öffentlichkeit anders verhielten, gehört zu den Unterschieden zwischen den beiden, nicht nur in jenen Jahren. Frisch bedachte immer Anlaß, Rahmen und Publikum, Gelegenheit und Ort, wo er etwas sagte. Er verhielt sich taktisch. Deutlich wird das in dem, was er vor einem deutschen oder einem Schweizer Publikum in den Jahren nach 1945 zu sagen hatte. Dürrenmatt hatte mit einsetzender Berühmtheit die Taktik der öffentlichen Meinungsäußerung nolens volens auch zu lernen, gelegentlich spielte und kokettierte er mit seiner Rolle als Person des öffentlichen Interesses (wie das juristisch heißt), gefiel sich in der Rolle des *enfant terrible*. Ganze Bereiche, alles, was seine Familie betraf, überhaupt alles Private (wozu er, in diesem Punkt ganz unschweizerisch, seine Vermögensverhältnisse nicht zählte) klammerte er zwar aus. Sonst aber bestand er z.B. bei Interviews erst im Alter auf Gegenlektüre, nach einigen bösen Erfahrungen und auf Insistieren seiner zweiten Frau Charlotte Kerr. Lange war seine Rede in intimer Runde nicht anders als die aus dem Fenster.

Das Schauspielhaus Zürich war für Frisch und Dürrenmatt freilich auch, nein: in erster Linie eine überschaubare Stätte kollektiven Arbeitens, das Gegenteil eben eines deutschen Staatstheaters. Beide wußten, daß zum Kunstideal der Hermetik, der geschlossenen Form, des klassischen Kanons, das sie nicht erst 1945 für bankrott hielten (Dürrenmatt radikaler als Frisch), grundsätzlich auch die Perfektion gehörte. Sie war als solche suspekt geworden. Schon die Stelle in Frischs erstem Tagebuch[50] ist so zu lesen: »Mindestens bleibt fraglich, ob der Hang zum Skizzenhaften, der vorhanden ist, sich mit persönlichem Mangel erklären läßt. Die Frage nach dem Können, dem handwerklichen, verwandelt sich für jeden, der ihr sein Leben opfert, früher oder später in eine Frage nach dem Dürfen; das heißt: die handwerkliche Sorge verschwindet hinter der sittlichen, deren Verbindung wahrscheinlich das Künstlerische ergibt, und darum kann niemand machen, was er an den Alten bewundert: weil er es bestenfalls machen, aber nicht erfüllen kann, und wer mehr macht, als ihm gemäß ist, erweist sich als Stümper. So könnte es Zeiten geben, wo nur noch Stümper sich an die Vollendung wagen. Noch ist es nicht soweit. Ein Katholik beispielsweise, der sich in einer geschlossenen Ordnung glauben kann, hat natürlich die Erlaubnis zur Vollendung; seine Welt ist vollendet. Die Haltung der meisten Zeitgenossen aber, glaube ich, ist die Frage, und ihre Form, solange eine ganze Antwort fehlt, kann nur vorläufig sein; für sie ist vielleicht das einzige Gesicht, das sich mit Anstand tragen läßt, wirklich das Fragment.« Das Fragment als Konsequenz einer nicht-katholischen Haltung: das ist eine höchst spannende Parallele zu Dürrenmatts Bekenntnis einer »protestantischen« Dramaturgie, in den frühen und mittleren Jahren zumindest.

Eine andere Frage: wie Frisch, am augenfälligsten mit der Form des Tagebuchs, eine Art Quadratur des Kreises doch angestrebt und auch vollendet hat; das Tagebuch als literarische Form, welche das scheinbar Fragmentarische dann doch zum geschlossenen Kunstwerk montiert[51]. Die Passagen, in welchen er bei Dürrenmatt ein humanes Klima, eine Mitte vermißt, deuten auch darauf hin und machen von einer anderen Seite verständlich, weshalb Frisch und Staiger doch lange freundschaftlich verkehrten.

In Dürrenmatts Nachlaß fand sich auch eines seiner wenigen Gedichte. Es bringt diesen Zusammenhang auf den Punkt: »Ergreife die Feder müde / schreibe deine Gedanken nieder wenn keine Frage nach Stil dich bedrängt. // Es ist heute wieder vieles zu durchdenken. / Felder liegen brach, die einst Früchte trugen. // Das Mögliche ist ungeheuer. Die Sucht nach Perfektion / zerstört das meiste. Was bleibt sind Splitter / an denen sinnlos gefeilt wurde.«[52]

In Momenten besonderer Gelassenheit und zumindest

theoretisch raffte sich Dürrenmatt auf, auch das Schauspielhaus Zürich unter solchem Gesichtspunkt zu sehen. Es war für ihn nicht nur das Theater von Kurt Hirschfeld und der Schauspieler, die er, nicht anders als Frisch, beim Schreiben der Rollen vor Augen hatte (Ernst Ginsberg, Kurt Horwitz, Therese Giehse, Maria Becker, Ernst Schröder, Leonard Steckel, Willy Birgel), des Bühnenbildners Teo Otto, der vielen Originale in Technik und Inspizienz. Es war für ihn auch eine Institution, welche Perfektion verhinderte. »So glaube ich kaum, daß es ein zweites Theater gibt, in welchem sich die Dramatik aller Zeiten besser widergespiegelt sieht als im Schauspielhaus Zürich, gezwungenermaßen, gilt es doch, jede Saison an die zwanzig Stücke herauszugeben, dazu Gastspiele anderer Bühnen. [...] Perfektion ist unmöglich [...]. An ihre Stelle muß die Intensität treten. Daß das in den entscheidenden Aufführungen immer wieder geschah und geschieht, nur das macht den Ruhm dieser Bühne aus. Jede Premiere des Schauspielhauses kann nur durch einen besonderen Einsatz zu einem großen Abend werden, auch wenn allererste Kräfte vorhanden sind. Mit diesen Umständen muß deshalb der Autor auch rechnen. Es wird ihm auf dieser Bühne kaum gelingen, seinem Werk bei einer Uraufführung eine endgültige Bühnengestalt zu geben, vieles wird vorläufig bleiben müssen, doch sein Stück wird kaum eine bessere Feuerprobe durchmachen können. Das Schauspielhaus ist mit seinen Autoren strenger als andere Bühnen, es kann sich nicht leisten, seine Fehler zu retouchieren [...]. Das Zürcher Schauspielhaus ist gerade durch seine Unvollkommenheit ein vollkommenes Theater, und ich liebe es deshalb auch mehr als andere Häuser.«[53]

Mit Ausnahme des späten *Triptychon* wurden alle Stücke von Max Frisch am Schauspielhaus Zürich uraufgeführt (*Nun singen sie wieder* 1945, *Santa Cruz* und *Die Chinesische Mauer* 1946, *Als der Krieg zu Ende war* 1949, *Graf Öderland* 1951, *Don Juan oder Die Liebe zur Geometrie* 1953, *Biedermann und die Brandstifter* und *Die große Wut des Philipp Hotz* 1958, *Andorra* 1961, *Biografie: Ein Spiel* 1968); von Friedrich Dürrenmatt immerhin *Es steht geschrieben* 1947, *Der Besuch der alten Dame* 1956, *Frank der Fünfte* 1959, *Die Physiker* 1962, *Herkules und der Stall des Augias* 1963, *Der Meteor* 1966, *Die Wiedertäufer* 1967, die späten *Der Mitmacher* 1973, *Die Frist* 1977, *Achterloo* 1983. Das ist, bei Frisch mehr noch als bei Dürrenmatt, eine doch erstaunliche Treue. Ist es ein Beleg mehr für Frischs gelegentlich verleugnete, ob seiner Attakken auf das bürgerliche Establishment der Stadt (also auch den Großteil des Schauspielhaus-Publikums) zuweilen kaum mehr wahrgenommene Liebe des Weltbürgers zu Zürich? (Das Elfuhrgeläute von allen Kirchtürmen, das dem schwierigen Stiller heimläutet.)

Seit dem ersten Tagebuch 1950 war Frisch Autor des neu gegründeten Verlags von Peter Suhrkamp. Er unterließ nichts, den jüngeren Kollegen mitzuziehen (der hat seine frühe Prosa tatsächlich nach Frankfurt geschickt, wie Frischs Brief vom 14.7.49 [Nr. 7] nahelegt. Geantwortet hat ihm im Dezember allerdings nicht Suhrkamp, der sich zu dem Zeitpunkt schon vom S. Fischer Verlag getrennt und den eigenen gegründet hatte, sondern Gottfried Bermann Fischer, vorsichtig abwartend (im Gegensatz zu Heinrich Maria Ledig-Rowohlt, der sich, allerdings nach der *Alten*

Dame, weiteren Entfernungen Dürrenmatts vom spätexpressionistischen Frühstil und vor allem von der nicht nur Frisch verschlossenen religiösen Dimension, vergeblich um die Gesamtrechte an Dürrenmatts Werk bemühte). Später versuchte Frisch ihn wenigstens davon zu überzeugen, daß Peter Schifferli als verlegerischer Einhandsegler auf seiner Arche nicht der Mann war, um international seine Interessen in Größenordnungen zu vertreten, die ab 1956 gegeben waren. Auch verhehlte Frisch seine persönliche Abneigung gegen Schifferli nicht[54]. Vergeblich. Als Theaterautor war Dürrenmatt im Reiss-Verlag Basel, der in Deutschland durch Bloch-Erben vertreten war (auch das hielt Frisch nicht für ideal). Erst Ende der siebziger Jahre, als sein Abschied vom Theater längst vollzogen war, resp. der Abschied des Theaters von ihm, als also die Buchtantiemen zur Wahrung seines Lebensstils immer wichtiger wurden, wechselte Dürrenmatt, nicht ohne Verstimmungen, zu Diogenes.

Frisch war, mit zunehmendem Alter, ein Mann der scharfen Schnitte, ein Feind voreiliger, gelegentlich auch unfähig zu unvoreiligen Versöhnungen. In seinen menschlichen Beziehungen, sagt sein Freund Peter Bichsel, »ein Mann der verbrannten Erde«, nicht ohne selbst darunter zu leiden. Das Öderländische in ihm, die Axt in der Aktentasche, der Anarchist im Bürger – aber eben auch umgekehrt: der Bürger im Anarchisten. Frisch war, möchte ich vermuten, immer beides (bei sich verlagernder Gewichtung), widersprüchlicher als das Bild, das seine Feinde, seine Freunde und gelegentlich auch er selbst sich von ihm machten. Auch Dürrenmatt. Eigentlich unbegreiflich, daß der die Doppeldeutigkeit, ja die Paradoxie in jenem Satz nicht hörte, den er in der bissigen Anekdote in *Stoffe v* zitiert: Frisch auf der Terrasse seiner Wohnung »in Zollikon oder Küsnacht, wer weiß in dieser Agglomeration schon, wo er ist. Ein komfortables Reihenhaus an einer Straße mit gleichen Reihenhäusern gleicher Preisklasse [...]. Frisch öffnet die Tür, betritt sie, breitet die Arme aus, gegen die benachbarten komfortablen Reihenhäuser und Villen gewendet: ›Hier wohnen meine Feinde.‹«[55] Zu meinen Feinden, konnte das doch nur heißen, gehört der Bürger in mir.

Die Treue, die Frisch dem Schauspielhaus Zürich gehalten hat, ist doch erstaunlich – gefährdete dort doch viel Routine und Sachzwang den Glanz der eigenen Produktionen. Vor allem aber weste in deren Umfeld ein Klassiker-Verständnis, das niemals das seine sein konnte. Es behauptete die Autonomie des Kunstwerks, welche die praktische Theaterarbeit oft genug aufs peinlichste widerlegte: Werktreue war hier nicht durch die Ambitionen von arroganten Regie-Fürsten bedroht, sondern durch jämmerliche Produktionsbedingungen. Zudem richtete eine lokale Theaterkritik über die Premieren, die er als hoffnungslos provinziell verachtete, und mehr und mehr saß ein Publikum im Parkett, welches nostalgisch die alte Pfauenbühne der Kriegsjahre verklärte und durch solche Verklärung in Besitz nahm, ohne wahrzunehmen, daß deren einstige politische Inhalte und existentielle Dringlichkeit in fast allem das Gegenteil der eigenen Fünzigerjahre-Wohlstandsbefindlichkeit waren. 1971 dann sah er in Dürrenmatt geradezu die Verkörperung dieses anderen, heruntergekommenen Schauspielhauses[56].

Zwanzig Jahre zuvor war zwar die Welt auch nicht bedingungslos in Ordnung, aber die beiden in Gedankenaustausch und Arbeitskameradschaft mehr als miteinander bekannt, wenn auch weniger als eng befreundet. *Graf Öderland* war am Schauspielhaus ein Mißerfolg (UA am 10.2.1951) und von Dürrenmatt in der ›Weltwoche‹ kritisiert (»das Stück ist eine Menagerie, in der ein ausgestopfter Tiger vorgeführt wird«), allerdings in einer Art, die dem Werk den grundsätzlichen Respekt nicht versagt (tatsächlich hatte er es schon gegenüber Horwitz und Ginsberg, die es beide nicht mochten, verteidigt, siehe Ginsbergs Zusatz im Schreiben von Horwitz an Frisch vom 23.7.1949: »Dürrenmatt denkt positiver darüber.«). Frisch reist mit einem Stipendium des ›Rockefeller Grant for Drama‹ in die USA und nach Mexiko, arbeitet am Roman, der später den Titel *Stiller* tragen wird. Erst im Mai 1952 kehrt er in die Schweiz zurück. Dürrenmatt veröffentlicht im ›Schweizerischen Beobachter‹ seinen zweiten Kriminalroman, schreibt zwei Hörspiele (*Der Prozeß um des Esels Schatten* und *Nächtliches Gespräch mit einem verachteten Menschen*), bereitet die Ausgabe seiner frühen Prosa vor, überarbeitet die Texte und ergänzt sie durch die Erzählung *Der Tunnel.* Frischs Tagebuch fasziniert ihn und irritiert ihn. »Tagebuch sicher nötig aber ohne literar. Form«, notiert die Agenda unter dem 7.1.1950, und unter dem 13.2.: »Teuflische Idee: Einer schreibt ein Tagebuch, alles erlogen, die unanständigsten Sachen, was er alles getrieben, mit Frauen usw. nach seinem Tod wird alles geglaubt.« Und ohne Datum noch in der

Agenda 1954: »Schriftstellerei: Was ich gegenwärtig unternehme, dies als ein langwieriger Prozeß: aus der Schriftstellerei etwas alltägliches, selbstverständliches zu machen, das zu tun, was eigentlich Frisch mit seinem Tagebuch getan hat, aber doch wesentlich anders zu sein. Frage: ob eine Schriftstellerei, die etwas Selbstverständliches ist noch Schriftstellerei wird.«

Arbeitskameradschaft, aber, kein Zweifel, im Wissen um die Gegensätze, und, soweit wir aus den Briefen auf die Gespräche dazwischen schließen können, in schöner Offenheit. Am *Romulus,* den nicht nur er bewunderte, kritisiert Frisch den vierten Akt, den »Eindruck von etwas Billigem« (»Liegts an den Germanen, die helvetisch-cornichonhaft wirken?«, »die Verballhornung geht mir schon in der Sprache zu weit«, »der Ulk ist nicht mehr voll, finde ich, auch nicht mehr im Maß, er ist mehr wurstig als kühn«)[57], am *Mississippi*[58] sucht sich das Unbehagen ähnliche Argumente: »Das Absurde, scheint mir, ist auf die Dauer kein fruchtbares Klima. Das Immer-Zugespitzte, abgesehen von der Ermüdung und abgesehen davon, daß ich ohne Vordergründe des Durchschnittlichen leicht den Maßstab verliere, das das Unerhörte als unerhört erscheinen läßt, das Immer-Extreme der Beispiele scheint mir eine Gefahr«, »ich habe dann [...] Sehnsucht nach einem humaneren Klima, nach Maß selbst im Burlesken, das Groteske, das so wesentlich zu Ihrer ganzen Begabung gehört, muß etwas sehr schwieriges sein.«

Endlich fragt er in einem Brief an den Maler Gottfried Honegger vom 29.5.1952[59], worin er nach einem zerstrittenen Abend gegenüber dem Freund den *Mississippi* ansonsten verteidigt, »ob das Groteske in dieser Komödie, trotz seiner vorhandenen Qualitäten, nicht auch Ausdruck eines Mangels sei, totaler Ausfall der humanen Mitte usw.«. Da gerät Frisch, ohne daß wir das überbewerten wollen, in belastetes Vokabular. Mit dem Schlagwort vom »Verlust der Mitte« war 1948 der katholisch konservative, durch sein Verhalten während der Nazizeit kompromittierte Kunsthistoriker Hans Sedlmayr gegen die Moderne angetreten. Bei allen Unterschieden: so weit lag das nicht ab von Emil Staigers knappe zwanzig Jahre später gehaltenen Rede zum Zürcher Kunstpreis, die den sogenannten »Zürcher Literaturstreit« auslöste und als einen der ersten Max Frisch auf den Plan rief. Der schrieb dann seine Gegenpolemik in Form eines offenen Briefs an seinen ehemaligen Freund in der ›Weltwoche‹, und darin den schonungslos genauen Satz: »Endlich kann man wieder von entarteter Literatur reden«. (Dürrenmatt war der Künstler der immanenten Interpretation von Anbeginn suspekt, obwohl er als junger Mann Grund hatte, Staiger für gelegentliche Hilfestellung und Kritik dankbar zu sein. Auf den ›Literaturstreit‹ kam er erst – wieder so eine dürrenmattsche Synkope – 1967 zu reden, in seiner Laudatio auf den nächsten Preisträger, den gemeinsamen Freund Varlin: da bezog er Staigers Schmährede als Auszeichnung auf sich selbst).

Noch interessanter in Frischs Brief an Honegger, der die Diskussion um den »unpolitischen« Dürrenmatt weit vorwegnimmt, ist allerdings ein Passus, in dem er sich mit Honeggers Vorwürfen anderer Art befaßt: »daß ich das Nicht-Stellungnehmen, das Nicht-Aussagen von Dürrenmatt unterstütze, um darin ein Alibi für mich zu finden, und daß, wenn es ein Mißerfolg gewesen wäre, das auch für mich ein Mißerfolg sein müßte usw. Sagten wir nicht [...], daß es ein Nicht-Aussagen letztlich nicht gibt, daß der Mississippi wohl eine Stellungnahme habe, nämlich, ob sie uns paßt oder nicht, die Relativierung aller ideologischen Radikalität.«[60]

Was Frisch bei Dürrenmatt als zu kabarettistisch irritierte, als »Gymnasiastenscherz« – der billige Witz, der Kalauer, die gelegentlichen Geschmacklosigkeiten (schon Brecht kritisierte am *Romulus,* allerdings am 2. Akt, er mache »mißtrauisch gegen die Aphorismen«) –, gehörte zu dessen Strategie gegen das autonome Kunstwerk, das Kunstideal der »geschlossenen Form«, den »Stil«, das Maß.

Anderseits: schon mit seiner Kritik am *Öderland* tat sich Dürrenmatt schwer: zwischen der Zusendung des Stücks und dem ausführlichen Brief Nr. 9 liegt fast ein halbes Jahr. Die mehrfach zugesicherte Rezension des *Stiller* bleibt Fragment und erscheint erst 1966 in *Theater-Schriften und Reden* – zwölf Jahre nach der Erstausgabe des Romans. Und im Entwurf des Gratulationsbriefs zum 50. Geburtstag (15.5.1961, Nr. 25) schafft er in drei Anläufen keine Würdigung von *Andorra,* die er dem empfindlichen Partner zumuten wollte. Im Gegenteil: was er mit dem Vorsatz der Begeisterung mitteilen will, gerät ihm, kommt er auf die Einzelheiten zu sprechen, zu einer ziemlich dezidierten Kritik. Mit einem sehr bezeichnenden Schluß. Wieder richtet er sich gegen die Ästhetik der geschlossenen Form, gegen die allzu glatt aufgehende Rechnung der Parabel (letztlich war das später auch der uneingestandene Einwand gegen seine eigenen *Physiker*): »Es kommt mir vor, wie wenn plötzlich der Woyzeck als fertiges Stück gefunden worden wäre, es hat unbedingt viel von seiner Stärke, doch wäre die Form des scheinbar fragmentarischen vielleicht die stärkste, dichterischste.«

Ein Jammer, daß er den Brief nicht abschickte. Diese Kritik hätte Frisch verstanden, sie argumentierte gewissermaßen mit Frisch gegen Frisch (»Frisch ist einer jener Schriftsteller«, heißt es im Fragment von Dürrenmatts *Stiller*-Kritik, »die sich hartnäckig weigern, rein zu dichten, was viele um so mehr ärgert, als dieser Autor offensichtlich reiner und besser dichten könnte als jene, die es heute tun« – das war 1954). Daß Dürrenmatt aber am Premierenabend, dem 2. November 1961, in der ›Kronenhalle‹ der versammelten internationalen Presse die dramaturgischen Mängel des »Modells« auseinandersetzte, daß er seine Einwände in einem Brief an Ernst Schröder, den Darsteller des Lehrers in der Uraufführung, vorbrachte, sozusagen hinter Frischs Rücken, hat dieser ihm lange nicht verziehen. An Kurt Hirschfeld am Weihnachtstag 1961 aus Rom: »und was mich nach dem infantilen Verhalten von Dürrenmatt, der jetzt noch in der Zürcher ›Kronenhalle‹ keinen Abend vergehen läßt, ohne die Schwäche von *Andorra* darzulegen, besonders freut«, sei, daß in der englischen Presse *Biedermann* über die *Alte Dame* gestellt werde. Und am 4. 2. 1962 aus St. Moritz, ebenfalls an den Regisseur der Uraufführung: »Weitere Kunde, wie FD gegen *Andorra* hetzt, also nichts Neues.«

Da war die »Arbeitskameradschaft« zwischen den beiden, die schon in den fünfziger Jahren lange Pausen auszuhalten hatte, längst in Rivalität umgeschlagen. (Ernst

Schröder, der den Kontakt zu beiden pflegte, in seinen Erinnerungen *Das Leben – verspielt*[61]: »Einen traf dieser nicht vorausschaubare Erfolg des Stückes wie ein Schlag aus heiterem Himmel. Ihm fiel es nicht leicht einzusehen, daß hier ein anderer so kräftig mit der Pranke des Dramatikers zugehauen hatte, wie er selbst ein paar Jahre zuvor mit dem *Besuch der alten Dame*. Er konnte seine tief sitzende Verblüffung nicht verbergen. Friedrich Dürrenmatt war beunruhigt. / Dieses brüderliche Paar, die helvetischen Dioskuren Frisch und Dürrenmatt, hatten jahrelang die deutschsprachige Bühne beherrscht, und sie hatten es bei aller Freundschaft schwer miteinander. Sie konnten es nicht voreinander verbergen [...] Gern habe ich immer wieder die Aufgabe übernommen, Balsam auf die Wunden zu streuen, die sie sich schlugen. Das ging nicht ohne Alkohol ab und endete oft genug in einer ausgelassenen Zecherei.«) Sie war nicht nur, wie Dürrenmatt 1961 im Gespräch mit Horst Bienek glauben macht, sportiver Art (»wenn Frisch zum Beispiel ein neues Stück geschrieben hat [...], komme ich rein sportlich wieder in Schwung; das Gefühl, nachspurten zu müssen, ist schließlich auch in der Schriftstellerei belebend«)[62]. Er wußte, wie empfindlich der Kollege war, und er hatte zu dem Zeitpunkt genug Erfahrung am Theater, um zu wissen, daß zu dessen ungeschriebenen Gesetzen gehört, sich als Insider Kritik für die Tage nach der Premiere aufzuheben. Nein, Dürrenmatt sah klare Mängel des Stücks, die Geschichte mit dem Lehrer und der Senora z.B., und daß der Andri »einfach zu unschuldig ist«, aber er sah vor allem, daß das Stück ein großer Erfolg werden würde. Er selbst hatte am Schauspielhaus zuletzt eine Niederlage zu verkraften, mit *Frank dem Fünften*, und so erhaben über die Reaktionen von Presse und Publikum war er nicht, wie er sich gelegentlich selber einredete.

Unter dem Druck ihrer Berühmtheit werden sich die ungleichen Weggefährten auf unterschiedliche Weise unheimlich. Frisch ist zunehmend irritiert von der Selbstbezogenheit des andern, dem, was er einmal als »Infantilität« beklagt, dann wieder als eine bildmächtige philosophische Kindlichkeit bewundert. Dürrenmatts Unfähigkeit, Beschämung einzugestehen, beunruhigt und fasziniert ihn. Auch sein Verhältnis zum Geld. Frisch war sein relativer Reichtum eher peinlich (von Anfällen gelegentlichen weltmännischen Rollenverhaltens abgesehen). Dürrenmatt, nach den Jahren der Entbehrung, genoß den Wohlstand, vom Zeitpunkt an, da ausgerechnet *Der Besuch der alten Dame* das Leben in Neuchâtel veränderte.

Dürrenmatt fühlte sich wohl in Männergesellschaft, Frisch sah bei ihm gar eine Unfähigkeit, Frauen in ein Gespräch einzubeziehen, ausgenommen Gattin Lotti. Überhaupt sah er Dürrenmatt als einen, der sich selbst in Frage stellt, aber sich nicht in Frage stellen läßt. Anderseits: Frisch und die Frauen, das irritierte nun wiederum Dürrenmatt. Einer, der die Ehe nicht als Sitteneinrichtung, sondern als »religiöse Möglichkeit« betrachtete, konnte Frischs schrittweise Trennung von Trudy Frisch-von Meyenburg so wenig verstehen wie die spätere von Marianne Frisch-Oellers. Beide Frauen mochte er, während Frisch die Gesellschaft von Lotti Dürrenmatt-Geissler gelegentlich Mühe bereitete. Sie hatte ihrer Ehe die eigene Karriere als Schauspielerin geopfert, hatte in den mageren Jahren bewunderswert die Familie zusammengehalten und konnte mit gewissem Recht die verbesserte Geschäftslage als gemeinsames Verdienst betrachten. Ihren Mann band sie ziemlich unbedingt an sich und ihre Bewunderung, und sie hatte eine gelegentlich recht apodiktische Art, Gott und die Welt zu kommentieren. Bei der die zeitweise Männerfreundschaft der beiden Schriftsteller zunehmend belastenden Rivalität darf die Rolle der, verständlich genug, sehr auf materiellen wie immateriellen Besitzstand bedachten Lotti Dürrenmatt nicht ganz vergessen werden. Gerade weil Frisch gegenüber Dürrenmatt selbst (um es so drastisch auszudrücken wie er es erlebte) mehr und mehr nur die Bewunderung blieb.

Ein Text aus dem Nachlaß (geschrieben um 1955), der als boshaft genaues und gleichzeitig generöses Portrait Dürrenmatts der glänzenden Passage im zweiten Tagebuch in nichts nachsteht, liegt seit kurzem in *Sehenszeit* vor[63] – in gewisser Weise eine Vorstufe dazu und damit ein Beispiel, daß Frisch Erlebtes keineswegs direkt umsetzte, sondern gelegentlich über lange Zeit kelterte und dann kunstvoll zu großer Prosa komponierte. »Dürrenmatt hat Kraft. Er ist eine Kraft. Das ist nicht das Mühsame. Brecht ist auch eine Kraft. Daß er den Partner (jedenfalls mich) zur Humorlosigkeit verdammt, das ist das Mühsame; Dürrenmatt lacht über den Partner, und es kann sein, daß man mitlacht; aber mit dem Partner lacht er fast nie. Dann ist er zerstreut, dann ist's der Hund, der gerufen werden muß, oder aber sofort der Wettbewerb: er übertrifft dich an Witz. Er muß übertreffen, wie es sonst nur die Manie der Zukurzgekommenen ist; und er hat das Zeug, um zu überbieten, weiß Gott, er imponiert mir immer wieder. Wenn ihm nichts einfällt, dann ist Dürrenmatt überhaupt nicht da. / Er erkundigt sich, was man macht. Ich habe stets das Gefühl der Belanglosigkeit (was nicht sein Fehler ist!) und verwirre mich im Bestreben, kurz zu sein; ich unterschätze sein Interesse.« Das teilt der auch nur sehr gelegentlich und sehr indirekt mit, in Antworten per Flaschenpost, sozusagen. Etwa wenn Frisch vom Gegenstand spricht, bei dem er Dürrenmatt nun wirklich überlegen ist, der Architektur, versinkt der erst einmal in Schweigen, um am Tag darauf in ganz anderem Zusammenhang den Satz fallenzulassen: »Schriftstellerei ist kein Beruf, Architektur ist ein Beruf!« Die Synkopen zwischen Erleben, Erfahren, einfachen Mitteilungen und Dürrenmatts Reaktion darauf waren, wie Frisch und er selbst klar gesehen haben, in größten und kleinsten Zusammenhängen wirksam. Distanz, auf der Dürrenmatt immer bestand, war bei ihm auch zeitlich zu verstehen. Es hat dies das Mißverständnis vom (im Vergleich zu Frisch) unpolitischen Autor Dürrenmatt sehr befördert. Dürrenmatt war durchaus ein politischer Autor, aber gewissermaßen einer mit Zeitzünder.

Sie treffen sich, in Anbetracht von Frischs zunehmenden Auslandsreisen, noch relativ oft, in den fünfziger Jahren: in Neuenburg, in Männedorf, in der Zürcher ›Kronenhalle‹ (deren Öffentlichkeit Frisch für ihre Treffen mehr und mehr scheut: sie war die Bühne, auf der Dürrenmatt brillierte). Sie fahren zum Podiumsgespräch nach Feldafing bei München (1953), treffen sich 1956 in Boldern, auf der von der evangelischen Akademie organisierten Begegnung zwischen schweizerischen Schriftstellern und Industriellen, die

Dürrenmatt in *Turmbau* beschreibt und Kurt Marti in einem Beitrag zu Dürrenmatts 60. Geburtstag, einem Brief an den Mit-Berner und ehemaligen Schulkollegen: »Ruedi Bohren, Hans-Rudolf Hilty und ich hatten damals zusammen mit der Leitung der reformierten Heimstätte eine Schriftsteller-Tagung organisiert. Du und Max Frisch waren mit dabei, als Referenten und Votanten. Nie wieder sind seither in der Schweiz so viele, so ganz verschiedenartige Schriftsteller fast drei Tage lang zusammen gewesen, von Erwin Heimann bis Eugen Gomringer, vom linken Jakob Bührer bis zum sehr rechten Armin Mohler, von Jörg Steiner bis Hans Zbinden, von Rainer Brambach bis zu Hugo Loetscher: über 40 Autoren.«[64]

Dürrenmatt wohnte bei Frisch in Männedorf, auf langen Spaziergängen an dessen geliebtem Pfannenstil entwickeln sie den Plan, gemeinsam einen zweiten Teil zu *Herr Biedermann und die Brandstifter* zu schreiben. Er war der Gipfel ihrer Arbeitskameradschaft. Der Entwurf, wie ihn Dürrenmatt in *Turmbau* beschreibt, liest sich schon als Skizze aufregend.

Beide besuchen sie gegenseitig ihre Uraufführungen. Bis zum Debakel jener Nacht nach der *Andorra*-Premiere. Danach: Funkstille, zunächst. Der den Kontakt wieder aufnimmt, ist Frisch, im Brief, wo ihm der »große Sterbet« den Sprung über den Schatten erleichtert (Nr. 26): was sind die zugefügten Verletzungen angesichts der Tode von Wälterlin, Hirschfeld, Ginsberg; dann im Brief vom 17.12.1965 (Nr. 27) angesichts des *Meteor:* Frisch wieder in der Rolle des Bewunderers, aber auch des Rivalen (»Es wird ein großer Abend, ich werde auch Cognac brauchen«). Tags zuvor äußerten beide in einer von der Dramaturgie des Schauspielhauses arrangierten und protokollierten Aussprache ihre Meinung über Günter Grass' *Die Plebejer proben den Aufstand* – eine einhellig negative.

Unterdessen hatte Frisch in Rom eine schwierige Beziehung mit Ingeborg Bachmann gelebt und verlassen (»Das Ende haben wir nicht gut bestanden, beide nicht« – *Montauk*). Dürrenmatt haben die beiden nach dessen Agenda mindestens einmal getroffen, vermutlich in Neuenburg; dafür, daß sich Frisch über ein Gespräch, das die promovierte Philosophin mit dem Kollegen über Wittgenstein führte, ärgerte (er blieb dabei außen vor »wie ein Torenbub«, sagt Peter Bichsel), gibt es mehrere Zeugen. Dann lernte er Marianne Oellers kennen, noch in Rom, und plante mit ihr das Haus in Berzona und die Rückkehr in die Schweiz. Marianne (die beiden heirateten 1968) war nicht nur die wichtige Vermittlerin zwischen Frisch und der jüngeren Schriftstellergeneration (Bichsel, Federspiel, Muschg, Steiner, Walter etc.: er hatte sich nicht, wie gelegentlich auch von Dürrenmatt kolportiert, mit Jüngern umgeben, er mußte zum freundschaftlichen Kontakt mit den Jüngeren eher überredet werden), sie war auch bald eine Art Mittlerin zwischen den ungleichen Dioskuren: bei Besuchen in Neuenburg, bei Besuchen der Dürrenmatts in Berzona, bei einer gemeinsamen Reise nach Venedig.

Unterdessen war Dürrenmatt Frisch mit dem Welterfolg *Die Physiker* »nachgespurtet«, hatte mit *Herkules und der Stall des Augias* eine weitere Niederlage erlitten, sah sich von Frisch wieder überholt, dessen *Mein Name sei Gantenbein* 1964 erschien, dann arbeitete er seinen Erstling *Es steht geschrieben* zu *Die Wiedertäufer* um, d.h. er dachte ihn weiter. Im Oktober 1967 dann die gemeinsame Reise nach Venedig. »Friedrich Dürrenmatt auf Reisen: es scheint ihn überhaupt nicht zu stören, daß wir in Venedig sind, seine Einfälle sind metaphysisch und haben nichts mit dem Ort zu tun.«[65] Und bei Dürrenmatt: »Max Frisch hatte uns hingefahren, rasant. Ich war gespannt auf die Stadt, Frisch und seine Frau kannten sie, meine Frau hatte sie öfters besucht, ich war der einzige, der Venedig nicht gesehen hatte.« (*Rekonstruktionen*, 1978)[66] Das hinderte Dürrenmatt nicht, wie Marianne Frisch erinnert, der kleinen Reisegesellschaft Venedig zu erklären, die archaischen Löwen vor dem Arsenal z.B., aus deren Anblick er eine ganze Dramaturgie der Vorstellungskraft entwickelte[67]. Auch erzählt Marianne Frisch lachend die Geschichte, wie sie die beiden eines Morgens zu verschiedenen, vom Hotelfenster aus aber einsehbaren Kiosken habe schleichen sehen: es war der Tag, an welchem bekannt werden sollte, an wen in dem Jahr der Literaturnobelpreis ging (wieder mal an keinen von beiden, sondern an Miguel Ángel Asturias, wie sie den Pressen entnehmen mußten).

Noch einmal waren sie fast Freunde in jenen Jahren: vom Verlust gemeinsamer Freunde und Bekannter aneinander erinnert – Kurt Hirschfeld (1964), Ernst Ginsberg (1964), 1968 dann Teo Otto. »Frisch spielt in meinem Denken immer noch eine Rolle«, schrieb Dürrenmatt 1973 in einer Vorstufe zum Frisch-Passus in den *Stoffen* in den Blindband[68] – »ob es umgekehrt ist, von seiner Seite aus gesehen, weiß ich nicht – das ist seine Sache – aber wir sind auseinandergekommen, wohl weil man uns immer aneinandergeschmiedet hatte. Ich muß hier gestehen, daß ich nie einen getreueren Kollegen gefunden habe als Max Frisch, ja, daß ich seitdem es zum Bruch gekommen ist – aus Gründen, die ich nie gänzlich begriffen habe – ich glaube, es sind in Wirklichkeit unbegreifbare Gründe, Müdigkeit, Unwille, ständig gegeneinander ausgespielt zu werden, Gründe, die im Kleinstaatlichen liegen – sei es wie es sei – daß ich mich seitdem in einer vollkommenen Einsamkeit befinde, genauer, in einer vollkommenen Vereinzelung, denn einsam kam ich mir immer schon vor. Aber Frisch war wenigstens ein Gegensatz, ein ganz anderer. Ein Mensch, der ganz von sich ausging, von seiner Subjektivität, und den man deshalb als Einzelnen absolut ernst nehmen mußte, weil er aus sich nicht einen typischen, sondern einen subjektiven Fall machte – Ich stellte mich in meinem ganzen Schreiben auf die Seite, wie einen Regenschirm, den man irgendwo vergaß, Frisch stellte sich zur Diskussion, sein Leben, seine Ehe – ich muß gestehen, daß ich ihn darum liebe, auch jetzt – als meinen dialektischen Gegensatz.«

An ihrer theatralischen Sendung zweifelten schon damals, 1967, im Grunde beide. Frisch entwickelte ein »zunehmendes Unbehagen an der Parabel«. »Das eben: die Parabel geht meistens auf. Hang zum Sinn. Sie täuscht Erklärbarkeit vor, zumindest Zwangsläufigkeit. Sie gibt sich gültig, indem sie zugleich vage bleibt.«[69] *Biografie,* das Stück, um das es mit dem Regisseur Rudolf Noelte 1967 zu einer gerichtlichen Auseinandersetzung kam (es ging um die Frage, welche Freiheiten sich das Theater, ein Regisseur gegenüber einem Autor herausnehmen darf und welche Rechte er sich damit erwirbt: Noelte unterlag) – *Biografie* war im Grunde der Versuch, sich auf dem Theater aus der Parabel in die Ästhetik des *Gantenbein* zu retten.

Dürrenmatt versuchte die Flucht nach hinten (die Revision eines alten Stücks, *Wiedertäufer*), und die nach vorne: in die praktische Theaterarbeit. Er stellte sich dem Team, mit welchem Werner Düggelin, der Regisseur seiner *Wiedertäufer*, im Herbst 1968 in Basel antrat, als Ko-Direktor zur Verfügung, einmal um der Einsamkeit des Schreibtischs einen anderen Pol gegenüberzusetzen, eine »andere Lebensform«, dann schon auch, weil er sich von der kollektiven Arbeit Impulse erhoffte, die ihm aus sich selbst nicht mehr leicht zufielen. »Die Geschichte des Theaters ist die der Proben, die abgehalten wurden. Es ist eine Geheimgeschichte«, schrieb er in einem Text über Teo Otto, den Bühnenbildner[70]. Das könnte von Frisch sein, dem das Glück der Proben ebenfalls über alles, auch über den Premierenerfolg ging. »Begreifen Sie, in ein Kollektiv einzutreten, ist sehr wichtig. Wenn man älter wird, sucht man ein Zuhause, und ein Theater ist eben ein Zuhause«, sagt FD im September 1968 dem Zürcher ›Tages-Anzeiger‹. So ließ er sich ohne Wenn und Aber, ohne genaue Definition seiner Position, einzig aus dem Wunsch nach einem zweiten, wir müssen wohl sagen: seinem BE, einem »Basler Ensemble«, auf ein Abenteuer ein, das nicht gutgehen konnte, waren doch die Bedürfnisse eines Dreispartenbetriebs ganz andere als die eines auf einen Autor zugeschnittenen Großstadttheaters. Dürrenmatt bearbeitete zur Eröffnung *König Johann*, d.h. er verwandelte sich den wenig bekannten Shakespeare als eigenes Stück an, er skelettierte (in enger Zusammenarbeit mit den Schauspielern) Strindbergs *To-*

tentanz zu *Play Strindberg,* einer eigentlichen Etüde für Schauspieler. Die vielen Bearbeitungen seit den *Wiedertäufern* (im Grund gehören dazu auch seine Regiearbeiten nach der Basler Zeit in Zürich: *Urfaust, Emilia Galotti, Woyzeck,* in Düsseldorf *Titus Andronicus*) haben wohl schon mit einer Krise des Stückeschreibers zu tun. Das Stück, von dem er in der Basler Zeit am meisten sprach, *Porträt eines Planeten,* blieb vorerst ungeschrieben. Dürrenmatts radikaler und letztlich auch zum Scheitern verurteilter Versuch, aus der Sackgasse der Fabel-Dramaturgie in eine »musikalische« zu entkommen (er nannte das Stück ein »apokalyptisches Rondo«) wurde erst 1970 in Düsseldorf, dann, 1971, in seiner eigenen Regie der Neufassung in Zürich aufgeführt.

Zweierlei Abschied vom Theater

Doch 1968 stand das Basler Experiment noch bevor (»meine glücklichste Zeit, meine schlimmste Erfahrung«). Die Verausgabung war enorm, Dürrenmatt kümmerte sich ohne Rücksicht auf Leib und Leben um alles, im April 1969 erlitt er den in *Vallon de l'Ermitage* beschriebenen Herzinfarkt[71]. Frisch bewunderte und beargwöhnte den geradezu selbstmörderischen Sturz in die Öffentlichkeit. Dabei war das Theater nur eine Bühne, wenn auch die, die ihn am meisten forderte. Daneben ließ sich Dürrenmatt für die Wochenzeitung ›Sonntags-Journal‹ mit einem Einsatz von Fr. 100 000.– als Mitherausgeber einspannen (die anderen drei waren der Historiker Jean Rudolf von Salis, der Werbemann Markus Kutter – mit dem zusammen Frisch 1955 das Manifest *achtung: die Schweiz!* herausgegeben hatte – und der Chefredaktor des Blattes selbst, Rolf R. Bigler, der das Hasard-Unternehmen als Konkurrenz zur ›Weltwoche‹ startete). Frisch ärgerte sich darüber maßlos (nach Marianne Frisch: »Da schleicht der Fritz hinter meinem Rücken durch Zürich und gründet eine Zeitung!«), aber dessen Theaterengagement stimmte ihn insofern versöhnlich, als er ein Verbot, das er nach einer Reihe von Zusagen und Absagen und neuen Versprechungen für die Basler Theater insgesamt erlassen hatte, für Dürrenmatts Realisierung des alten Plans zu *Biedermann und die Brandstifter* (reduziert freilich auf den Umstand, daß er das Stück, zu dem die beiden einmal einen zweiten Teil planten, inszenieren wollte) vorübergehend wieder aufhob. Mit Peter Bichsel, Günter Grass, Kurt Marti nahm Max Frisch am 8.9.1968 an der von Dürrenmatt organisierten Protestveranstaltung gegen die Besetzung der Tschechoslowakei teil, später besuchte er Dürrenmatt im Berner Spital, dann während der Rekonvaleszenz im Unterengadin. Noch unterhielt man sich mit Hermann Beil, Düggelins Basler Chefdramaturgen, über das *Biedermann*-Projekt. Die Stimmung war ausgelassen, wie ein in Marianne Frischs Besitz befindliches Objekt besonderer Art belegt: ein Kistchen Montecristo Nr. 1, gewidmet »An Max 20.6.1969 (ich bekam davon einen Herzinfarkt)«, darunter ein dick gemaltes Kreuz und die Signatur »Euer Max, Es sprechen Fr. Dürrenmatt, H. Loertscher [sic!], H. Rischbieter u. andere« von Frischs Hand, und wieder von der Dürrenmatts: »Am offenen Grabe: Emil Staiger, Sigi Widmer«.

Auf diesen Besuch im Unterengadin bezieht sich die Passage im zweiten Tagebuch[72], darin der zum Zeitpunkt der Endredaktion des Buchs schon erstaunliche Satz: »Er bleibt der Gebende.« »Auch neulich in Bern, im Spital, gab es einen sehr alten LATOUR-Bordeaux; die Krankenschwester entkorkte für den Besucher, der wie sie den Spital-Ernst wahrte, während Friedrich Dürrenmatt lachte. Zum Beispiel über das Versagen eines Arztes; ohne Beschwerde, er erzählt es ganz als Komödie. Das ist mehr als Humor. Wir kennen uns über zwanzig Jahre. Es stimmt nicht, daß er nicht zuhören könne. Als der Wirt in Schuls sich an unseren Tisch setzt und einiges zu melden hat (wie die Bündner etwa einen Aga Khan ausnehmen) und dann allerdings nur noch quatscht, ist Friedrich Dürrenmatt ein Herkules im Zuhören; es kommt auf den Partner an.« 1988 erst kommt Dürrenmatts Antwort (eine solche Langsamkeit hatte der Dialog zwischen den beiden Gedächtnis-Elefanten inzwischen angenommen): »Schade, daß Frisch nicht auch zuhörte. Zwar habe ich die Geschichte mit dem Aga Khan vergessen, aber nicht, was der Wirt von den Unterengadinern in Schuls erzählte, so von einem Schreiner, von dem der Wirt glaubte, er sei der einzige, der nur Romanisch zu sprechen vermöge und kein Deutsch verstehe. Er fand ihn eines Morgens, wie er, auf einem Schemel stehend, die Handflächen gegen ein Stück Decke preßte. Der Wirt fragte auf romanisch, was der Schreiner denn mache. Dieser ließ die Hände von der Decke, schaute nach oben und sagte auf deutsch: ›Gott gebe, daß es klebe.‹ Dann, vom Schemel heruntersteigend, fügte er bei, indem er wieder zur Decke hinaufblickte: ›Und Gott gab, daß es klab.‹ Nach diesem Abend sollte ich Frisch acht Jahre nicht mehr sehen, wir begegneten uns erst wieder bei Varlins Beerdigung.«[73]

Dürrenmatts Basler Experiment scheiterte, mit dem Eklat an jener Pressekonferenz, auf die Frisch in seinem Brief vom 19.10.1969 anspielt. Die paar Intrigen, die ihn und Düggelin auseinanderbrachten, waren dabei nur Anlaß, nicht Ursache. Dürrenmatt fühlte sich jedenfalls verraten und zog sich grollend zurück. Der eigentliche Grund des Zerwürfnisses: ein mittleres Stadttheater (ein Dreispartenbetrieb mit beschränktem Ensemble, einem minimalen Einspielsoll, lokalen Konflikten, Zwängen und Bedingungen, die von Fall zu Fall praktisch überlistet sein wollten und nicht prinzipiell zu lösen waren) war grundsätzlich nicht kompatibel mit einem Autorentheater von Dürrenmatts Vorstellung.

Tatsächlich war dieser nur scheinbar starke Abgang der Anfang von Dürrenmatts langem Abschied vom Theater, und fast der endgültige von Frisch. Hatte diesem schon dieser inszenierte Eklat äußerst mißfallen, so ärgerte er sich noch mehr über die weiteren, man muß schon sagen: verzweifelten Versuche Dürrenmatts, sich die »Lebensform« Theater zu erhalten.

In Zürich war, kaum hatte es begonnen, im Dezember 1969, also nur Monate nach den Basler Vorgängen, ein Experiment anderer Art gescheitert: die Direktion Peter Löfflers, der mit dem Dramaturgen Klaus Völker, dem Regisseur Peter Stein und dem Kern jenes Ensembles angetreten war, das später den Ruhm der Berliner ›Schaubühne‹ begründete, wurde nach nur einem Vierteljahr jäh beendet: die Stammkundschaft des Schauspielhauses und deren Vertreter im Verwaltungsrat mochten den in der Stimmungslage der 68er Ereignisse von Löffler/Stein/Völker eingeschlagenen und in juveniler Provokation beibehaltenen antibürgerlichen Kurs nicht hinnehmen und sorgten mit einer Art Boykott für die schlechten Einspielergebnisse, die den Rauswurf juristisch erst ermöglichten (die paar Marx- und Marcuse-Zitate in den Programmheften reichten dafür als Grund nicht aus). Während Frisch in einer Rede zum »Zürcher Debakel« am 20. Dezember im Volkshaus gegen die verantwortliche Aufsichtsbehörde (»Ein Experiment wird abgewürgt«), aber, merkwürdig nachzulesen, nicht für Löfflers Team auftrat[74], erholte sich Dürrenmatt mit Frau Lotti auf einer Reise durch Amerika vom Basler Debakel. Doch als gleich nach seiner Rückkehr am 17. Januar Harry Buckwitz, 17 Jahre lang Intendant in Frankfurt und einst Brechts (und auch Frischs) Sachwalter auf dem westdeutschen Theater, als Notnagel und Nachfolger Löfflers feststand, nannte der als eine seiner Bedingungen die Mitarbeit Dürrenmatts. Der versagte sie nicht, und nicht nur im Theater. Kaum als Interimsdirektor publik, geriet Buckwitz von zwei Seiten unter Beschuß. Von der der Anhänger des Experiments Löffler-Stein, und von rechts: Hans Habe warf in einem Artikel der ›Welt am Sonntag‹ Buckwitz eine (schwach begründete) Nazi-Vergangenheit vor. Dürrenmatt seinerseits attackierte Habe und wurde zu einer symbolischen Strafe wegen Ehrverletzung verurteilt. Gleichzeitig berief man ihn in den Verwaltungsrat des Schauspielhauses. Bis er 1972 nach langem Zögern endgültig absagte, wurde er zudem vom Stadtpräsidenten Sigmund Widmer als Direktor des Hauses umworben.

Seine Inszenierungen waren Achtungserfolge, sein Stück *Porträt eines Planeten* weniger als das, und *Der Mitmacher* (1973) war ein Waterloo, das freilich seine große späte Prosa erst möglich machte: als Befreiung aus der tiefsten Krise seines Lebens. Das Buch war als große Prosa der unfreiwillige Beweis dafür, daß sich das, worum es Dürrenmatt zu dem Zeitpunkt ging, auf dem Theater nicht mehr sagen ließ. Frisch, aus der kleinen Distanz des Tessins und der größeren von Berlin, wo er inzwischen eine Wohnung gekauft hatte, war das alles schon Ende 1971 so ungeheuer, daß er Leopold Lindtberg aus New York schrieb: »Was uns verbindet, ist heute nicht ohne Bitterkeit: das Schauspielhaus, das über Jahrzehnte schon für mich der heimatlichste Ort gewesen ist, heute nicht mehr zu betreten. Lang schon meinte ich, es müsse sich verjüngen und erneuern; stattdessen haben sie es nun versaut, von Grund auf [...] Vielleicht kann ich über alles, was mit dem Schauspielhaus verbunden gewesen ist, aus einem andern Grund nicht schreiben, und dieser Grund heißt Friedrich Dürrenmatt. Jetzt endlich (wie ich es aus vergilbtester Presse ersehe) befindet auch er, daß Widmer und Bieri und [Schauspielhaus-Verwaltungsratspräsident] Staehelin wohl nicht Königsmacher sind, obschon er, im strikten Alleingang, ausgiebig sich angeboten hat... Der Pfauen ist doch kein bloßer Verkehrsplatz, sondern der Name für eine Erfahrung: ich vermute: auch für dich.«

Vielleicht ist die ganze Beziehung zwischen Frisch und Dürrenmatt unter dem flugtechnischen Ausdruck des *near miss* zu sehen, des Fast-Zusammenstoßes. Sicher ist sie nicht erst, aber vor allem ab den siebziger Jahren die Chronik vieler Mißverständnisse. Fast müßte man sagen, und so sieht es ja auch Uwe Johnson in dem zitierten Brief, eine verpaßte Chance.

Daß sich Dürrenmatt sogar auf Inszenierungen für Tourneeunternehmen einließ, begründete er zwar ähnlich wie seine Vorliebe für den Kriminalroman. In Wahrheit spürte er genau, daß sich das deutschsprachige Theater von ihm abwandte, und er griff nach jedem Strohhalm. In der Folge des Basler Debakels geriet er zunehmend in eine schwierige Lage (Basel war, zumindest bis Ende der Ära Düggelin, zwar ein Stadttheater, aber in der europäischen Presse eine der meistbeachteten Bühnen). Einmal mußte er einen gravierenden Rückgang der Theatertantiemen feststellen. Schlimmer aber war, daß ihm das Theater als »andere Lebensform« weggebrochen war.

Frischs Abschied vom Theater verlief behutsamer. Er fragte sich schon früh, ob die Institution Staats- und Stadttheater insgesamt bankrott sei, seine Rede auf der Frankfurter Dramaturgentagung 1964 *(Der Autor und das Theater)*[75] ging von der Vorstellung aus, die Häuser aller Anwesenden seien über Nacht allesamt geschlossen worden, und ganz nur spielerisch-provokativ-rhetorisch war das nicht gemeint, siehe den Schlußsatz in seinem Brief zum *Meteor* vom

17.12.1965 (»Im Grunde, nebenbei und vertraulich bemerkt, sollte unser Schauspielhaus damit seine Tore schließen.«). Hinter dem späteren mokanten Satz Dürrenmatts (1977), er »genieße ja den Vorteil, nicht so in Mode zu sein wie Frisch. Ich habe mich aus der Mode hinausgeschrieben«[76], steckt die bittere Erkenntnis, daß Frischs Werk von seinem Verlag Suhrkamp im Literaturbetrieb namentlich Deutschlands ganz anders präsent gehalten wurde als das seine vom Arche Verlag. Grob gesagt, war Dürrenmatt bis zum Erscheinen des ersten Bands der *Stoffe* 1981 für das deutsche Feuilleton kein Thema mehr und Peter Schifferlis ›Arche‹ zur Änderung dieses leidigen Sachverhalts nicht der richtige Verlag. Daß die Ausstellung seiner Bilder 1976 im Restaurant seines Freundes Liechti in den Medien mehr Aufsehen erregte als die späten Stücke und seine ganze frühe Konzept-Prosa *(Mitmacher-Komplex, Israel-Vortrag),* sagt alles. Wer möchte da ausschließen, daß auch so etwas wie Neid aufgekommen sein könnte auf den andern, den vermeintlichen »Liebling der Intellektuellen«?

Der erfreute sich freilich auch nicht der ausgeglichensten Seelenlage. Gegenüber Freunden klagte er über Anfälle und Ausfälle, Jähzorn und Verlust der Selbstkontrolle, der Auftritt 1978 in der ›Kronenhalle‹ nach der Vernissage von Dürrenmatts Ausstellung in der Galerie seines späteren Verlegers Daniel Keel war kein Einzelfall, seine Entschuldigung in jedem Punkt ernstgemeint. Anderseits sind, um nur bei diesem Beispiel zu bleiben, Dürrenmatts wiederholte öffentliche Kommentare über Frischs »Frauengeschichten« (die sich Dürrenmatt bewegter vorstellte, als sie waren) und Eheprobleme nur verständlich vor dem sich zunehmend verdüsternden Hintergrund seiner eigenen, für Außenstehende kaum wahrnehmbaren Leiden mit Lotti. Seiner Frau ging es zeitweise schlecht. Alkohol- und Tablettenkonsum waren mal Grund, mal Folge von psychischen Ausnahmezuständen, die Dürrenmatts Alltag zusätzlich zum abnehmenden Interesse der veröffentlichten Meinung belasteten.

Wie immer, er verkniff es sich nicht, Frisch mit gezielten Nadelstichen zu ärgern, was diesen wiederum daran hinderte, die Probleme des »Herrn Neuenburger« überhaupt wahr-, geschweige denn ernstzunehmen. Als solchen hat dieser Dürrenmatt in *Blaubart* leicht erkennbar parodiert (weitgehend wörtlich aus einem im ›Playboy‹ erschienenen nicht autorisierten Interview mit André Müller zitierend[77]): »Unvergeßlich bleibt auch ein Freund: / – Sie haben also mit dem Angeklagten hauptsächlich über Astronomie geredet, das haben wir gehört, Herr Neuenburger, und daß sie gerne einen alten Bordeaux mit ihm trinken, obschon der Angeklagte, wie Sie versichern, von Astronomie überhaupt nichts versteht, das sagten Sie uns schon / – Er kann halt nicht denken / – Herr Neuenburger… / Sonst ist er ein flotter Kerl. / Haben Sie Rosalinde Z. gekannt? / Ich kenne einen Arzt, der denken kann. Ich selber habe einen Arzt, der sich wundert, daß ich noch lebe, und er ist mir dafür dankbar. Ein Arzt, der niemand umbringt, hat eben Glück… / – Um auf meine Frage zurückzukommen: / Schaad hatte eben Pech. / Wie hat er über Rosalinde gesprochen? / Damals befaßte ich mich gerade mit Einstein… / Sie wollen sagen: Schaad kam bei Ihnen nicht zu Wort? / Über Einstein zu reden, wenn der andere keine Ahnung von Mathematik hat, ist halt schwierig, aber zum Glück habe ich zwei Hunde, und da muß man nur auf die Schenkel klopfen, wenn man ein anderes Thema braucht, und schon sind sie da, Hundegeschichten sind immer lustig... Schaad hat einfach keinen Humor... Ich möchte auch nicht seine Frau sein... Schauen Sie, ich bin vierundzwanzig Jahre verheiratet, das ist eine Frage des Humors, das kann einer nicht, wenn er keinen Humor hat, meine Frau ist auch beinahe eine Schauspielerin geworden... / Wann haben Sie die Rosalinde zuletzt gesehen? / Er hat mir doch jede Frau vorgestellt, die er heiratet, und geschworen, Gott möge ihn verfluchen, wenn er sie je betrüge. / – Was wollen Sie damit sagen? / – Das ist ja grotesk. // Der Zeuge kichert. // Und: – Schließlich sind wir seit dreißig Jahren befreundet, obschon wir einander nichts zu sagen haben. Aber ich trinke gern meinen Wein mit ihm. Ich selber brauche keine Freunde, ich denke ja selber.«

Nein, einzurenken war das nicht mehr. Hans Noll, Molekularbiologe und heute in Seattle lebend, mit Dürrenmatt befreundet seit den Berner Studentenjahren und Frisch nahe über seinen Bruder Peter (den Professor für Strafrecht, auf den dieser 1982 die Totenrede hielt), unternahm gute zwei Monate nach dem Tod von Lotti Dürrenmatt, am 23. März 1983, den Versuch dazu, überredete Frisch zu einer Fahrt nach Neuenburg, zusammen mit seiner Nichte Rebecca Noll. Man aß in einem Restaurant hinter Neuchâtel, das Dürrenmatt nach dem Wegzug seines Freunds Liechti bevorzugte, kehrte dann zurück ins Haus, Dürrenmatt war bedrückt, er weinte, allein, Frisch konnte sich, selbst oft genug verletzt, der Sticheleien nicht enthalten, Dürrenmatt konterte, das Ganze endete in einem Debakel:

um drei verließ Frisch brüsk die Gesellschaft und fuhr mit dem Zug zurück nach Zürich. Den Vorgang verschwieg er seinen Freunden, ein Vermerk in seinem Tagebuch findet sich nicht. Verbrannte Erde.

So ist Dürrenmatts Brief zu Frischs 75. Geburtstag vom 11.5.1986, in mehreren Anläufen entworfen und endlich säuberlich in seiner Blockbuchstabenschrift abgeschrieben (kleiner, als er sonst zu schreiben pflegte, als ob er sich eine besonders behutsame Zurückhaltung auferlegen wollte), eine Art Epitaph auf fast eine Freundschaft, eine anders erlebte, aber gemeinsam bewohnte Zeit. Daß er darauf keine Antwort mehr erhielt, hat Dürrenmatt gekränkt, aber nicht eigentlich verwundert. Ähnlich wie bei dem gescheiterten Treffen in Neuchâtel müssen die Gründe auch bei Frischs Scheu vor Intimität gelegen haben. Vor einem weinenden Dürrenmatt, und vor einem, der ihn am Ende einer langen und schwierigen Bekanntschaft mit einer Art Liebeserklärung überrascht, schreckte Frisch gleichermaßen zurück. Peter Bichsel: »Frisch hat keine Nähe ertragen, ich erlebte das in seinen letzten Jahren zwei, drei mal. Er mochte mich wirklich, aber ich wußte, wenn ich ihm zu nahe komme, knallt es. Dann schlug er zu wie ein Löwe, wenn die Fluchtdistanz unterschritten ist.«

Noch einmal sind sie sich begegnet, am Moskauer Friedensforum »für eine atomfreie Welt, für das Überleben der Menschheit«; sind sich, berichtet Charlotte Kerr Dürrenmatt, »während des ganzen Kongresses freundschaftlich aus dem Weg gegangen«; haben immerhin noch miteinander gesprochen. Und also gibt es noch eine kleine giftige Anekdote aus einem Gespräch mit Hanspeter Born: Dürrenmatt berichtet von seiner Rede auf dem Forum, von der Diskussion: »Am Ende der Diskussion sagte ich zu Frisch: Das ist das Verteufelte, wir rüsten ab, und plötzlich kommt einer, der hat noch eine [Atombombe]. Drauf Frisch: Man darf jetzt keine Witze machen. Er nahm das als Witz.«

Ein Leben lang haben sich Max Frisch und Friedrich Dürrenmatt voneinander zu entfesseln versucht, mit wechselndem Erfolg; Schürfungen haben dabei beide erlitten und gelegentliche Zerrungen und Verstauchungen. Im Grunde waren sie, die beide auf ihre Art eine Ethik und Ästhetik des Einzelnen vertraten, machtlos gegen die Verkoppelung zum Dioskurenpaar. Schon gar nach ihrem fast gleichzeitigen Tod (weniger als ein halbes Jahr lag zwischen dem 14. Dezember 1990 und dem 4. April 1991). Zeit, dafür zu sorgen, daß sie aus dem gemeinsamen Ehrengrab exhumiert werden, in welchem sie, ironisch genug, auch noch auf die Nachwelt gekommen sind. Sie haben – nicht im Leben, aber in der Wahrnehmung der Zeitgenossen und Nachgeborenen – besseres verdient als einander, nämlich jeder sich selbst.

Ein persönliches Wort zum Schluß. Der Herausgeber und Verfasser dieses Nachworts arbeitet seit längerem (und mit größeren Unterbrechungen) an einer Biographie über Friedrich Dürrenmatt. Sosehr er die Aufteilung der literarischen Schweiz in Frischianer und Dürrenmattianer für Unfug hält: daß er zu letzteren gerechnet wird, kann er nicht verhindern. Da hilft es wenig, die eigene Haltung zum Gegenstand der Bemühungen mit Dürrenmatt selbst beschreiben zu wollen, für den Distanz grundsätzlich eine Voraussetzung von Wahrnehmung war. Kritischer Respekt, gelegentlich aber auch belustigte oder ratlose Verwunderung sind für den Biographen allemal produktivere Haltungen als Bewunderung.

Allerdings ist einzuräumen, daß ich nach längerer Beschäftigung den einen der beiden Briefpartner besser kenne als den andern (will sagen: daß ich ihn auf eine feinere Art nicht kenne). Wenn ich dennoch hoffe, daß die Kluft zwischen dem einen und dem anderen Wissensstand nicht ganz unverantwortlich auseinanderklaffe, dann nur dank der Hilfe vieler Gesprächspartner, vor allem von Marianne Frisch, Peter Bichsel, Walter Obschlager, Julian Schütt, Jörg Steiner. Sie haben in mir nie den trojanischen Herausgeber beargwöhnt, den Chronisten aus dem anderen Lager, wohl weil sie mit mir der Meinung sind, daß diese Lager, wenn es sie denn gibt, endlich abzuschaffen seien. Dafür kann ich ihnen nicht genug danken. Ich hoffe, die Herausgabe dieses schmalen Briefwechsels trage dazu bei. Seine Voraussetzung sei seine Wirkung. Diese Arbeit wäre ohne die geduldige Mithilfe der Genannten, die generöse Unterstützung durch das Max Frisch-Archiv, das Schweizerische Literaturarchiv und dort besonders Ulrich Weber, und nicht zuletzt die Einwilligung des Suhrkamp-Verlags, in der ich mehr sehe als einen juristischen Akt, nicht möglich geworden. Auch nicht ohne die große Hilfe von Anna von Planta, welche von Arbeitsbeginn an mehr war als Lektorin dieses Unternehmens.

1 *Labyrinth. Stoffe I–III. Werkausgabe in 37 Bänden.* Zürich: Diogenes Verlag 1998 [im folgenden zitiert als *FDWA*], Bd. 28, S. 217

2 Brief an Siegfried Unseld. Max Frisch, *Gesammelte Werke in zeitlicher Folge,* Jubiläumsausgabe in sieben Bänden. Herausgegeben von Hans Mayer unter Mitwirkung von Walter Schmitz. Frankfurt am Main: Suhrkamp 1986 [im folgenden zitiert als *MFGW*], Bd. 5, S. 840

3 *Frank der Fünfte, Herkules und der Stall des Augias,* vollends *Der Mitmacher,* dessen Rechtfertigung sich zu einem ganzen Buch, dem *Mitmacher-Komplex,* auswuchs – ein Komplex im doppelten Wortsinn

4 Hans Bänziger, *Frisch und Dürrenmatt.* Bern und München: Francke Verlag 1960

5 Nr. 9 dieses Bandes

6 Nr. 8 und Nr. 12. Für Bänzigers Arbeit *Frisch und Dürrenmatt. Materialien und Kommentare* (Max Niemeyer Verlag Tübingen 1987) ließ er den Abdruck wieder zu

7 FD zu Dieter Fringeli, in Friedrich Dürrenmatt, *Gespräche 1961–1990, in vier Bänden.* Herausgegeben von Heinz Ludwig Arnold, in Zusammenarbeit mit Anna von Planta und Jan Strümpel. Zürich: Diogenes 1996 [im folgenden zitiert als *FDG*], Bd. 2, S. 201

8 zu Fringeli, *FDG,* Bd. 2, S. 239

9 zu André Müller, *FDG,* Bd. 3, S. 102

10 *FDG,* Bd. 2, S. 114ff. Das Gespräch, in welchem Dürrenmatt, in einer schwierigen Lebenssituation und parallel zu seiner Arbeit an den *Stoffen,* in mancher Hinsicht Bilanz zieht, ist zuerst 1976 im Verlag der Arche in Zürich erschienen

11 Nr. 33, 11.5.1986

12 *Turmbau. Stoffe IV–IX, FDWA,* Bd. 29, S. 74f.

13 *FDG,* Bd. 2, S. 153ff.

14 Nr. 29, 19.10.69

15 *MFGW,* Bd. 2, S. 451

16 *Nun singen sie wieder* 1945, *Santa Cruz* und *Die Chinesische Mauer* 1946

17 Max Frisch, *Jetzt ist Sehenszeit.* Briefe, Notate, Dokumente 1943–1963. Herausgegeben und mit einem Nachwort versehen von Julian Schütt. Im Auftrag der Max Frisch-Stiftung. Frankfurt a.M.: Suhrkamp 1998 [im folgenden zitiert als *Sehenszeit*], S. 172ff.

18 *Theater, FDWA,* Bd. 30, S. 45

19 *MFGW,* Bd. 2, S. 344

20 Etwa, wenn er in seinem harten Brief vom 19.10.1969 (Nr. 29.) die »Bruderschaft« mit Werner Düggelin nicht verstehen will. Sie war, wie alle Theater-Kumpanei und ›Kronenhallen‹-Hofhaltung, eine Notwehr. Wie hätte eine größere Öffentlichkeit sie als solche wahrnehmen sollen?

21 Max Frisch Archiv

22 Fichenskandal: Die im Laufe des Jahres 1990 bekannt gewordene Tat-

sache, daß rund 900000 Schweizerinnen und Schweizer rechtswidrig bespitzelt und auf Karteikarten (Fichen) erfaßt wurden. In der Folge boykottierten zahlreiche Kunstschaffende vor allem aus der deutschsprachigen Schweiz die Veranstaltungen zur 700-Jahr-Feier der Schweiz 1991

23 *MFGW*, Bd. 2, S. 312

24 *MFGW*, Bd. 2, S. 314

25 *MFGW*, Bd. 2, S. 285

26 *Literatur und Kunst*, FDWA, Bd. 32, S. 32

27 Walter Obschlager, *Zeitgenossenschaft*. Nachwort zu Max Frisch, *Schweiz als Heimat?* Frankfurt a. M.: Suhrkamp Verlag 1990

28 *MFGW*, Bd. 2, S. 344

29 *Labyrinth. Stoffe I–III*, FDWA, Bd. 28, S. 64f.

30 *Verdammen oder Verzeihen?* Ein Brief an Bi, den Verfasser des Leitartikels in der ›Neuen Zürcher Zeitung‹ vom 23.5.1945, *MFGW 1986*, Bd. 2, S. 295f. Frischs Antwort an Ernst Bieri, dessen Angriff auf ihn der Anfang einer langen Feindschaft war. Denunzierte Bieri im genannten Artikel Frisch als Nazi-Fürsprecher, warf er ihm 1948 die Teilnahme am ›Congrès Mondial des Intellectuels pour la Paix‹ im polnischen Wrocław vor und unterstellte ihm Sympathien für den Kommunismus. Frischs Beziehung zur wichtigsten Zeitung der bürgerlichen Schweiz ist ein Kapitel für sich und von den Anfängen in den dreißiger Jahren bis zum Lebensende entscheidend für Frischs politische Formation – und für die Heftigkeit, mit der das Schweizer Bürgertum Frisch als »Staatsfeind Nr. 1« ausgrenzte. s. a. *MFGW*, Bd. 2, S. 768, *Sehenszeit*, S. 68ff., 226

31 *Friedrich Dürrenmatt interviewt F. D.*, 1981, in: *Kritik*, FDWA, Bd. 31, S. 142

32 FDWA, Bd. 2, S. 123, *Anmerkung IV* zu *Romulus der Große*: »Doch scheint mir die Urfassung des vierten Aktes wert, nicht ganz in Vergessenheit zu geraten; sie sei deshalb hier wiedergegeben. Er erweckte, als ihn das Basler Theater in Stuttgart spielte, erheblichen Protest. Besonders Odoakers Ankündigung: ›Ich kehre mit meinen hunderttausend Soldaten im Trauermarsch nach Germanien zurück und klettere mit meinem ganzen Volk wieder auf die Bäume‹ stieß auf laute Mißbilligung. Zu meinem Erstaunen sah ich auf meiner folgenden abenteuerlichen Reise Carossas Rat: ›Kehrt wieder zurück in die heiligen Wälder, lernt wieder den alten Gesang‹ als Spruchband über eine Straße gespannt. Wenn zwei das gleiche schreiben ...«

33 *MFGW*, Bd. 2, S. 444

34 Zu Emil Staiger und Walter Muschg s. Julian Schütt, *Germanistik und Politik*. Schweizerische Literaturwissenschaft in der Zeit des Nationalsozialismus. Zürich: Chronos Verlag 1996, besonders S. 45ff., 57ff., 123ff., 223ff.

35 *Theater*, FDWA, Bd. 30, S. 71f.

36 *MFGW*, Bd. 2, S. 324

37 *MFGW*, Bd. 2, S. 491f.
38 *Der Richter und sein Henker/Der Verdacht*, *FDWA*, Bd. 20, S. 203f.
39 Nr. 20 vom 24.6.55
40 *FDG*, Bd. 2, S. 242
41 *FDG*, Bd. 1, S. 274
42 *Frischiade, eine Philippika aus Rom*, s. Obschlager, a.a.O., S. 569
43 *MFGW*, Bd. 5, S. 373
44 1966 in der ›Weltwoche‹ nachgedruckt, löste der Text eine lebhafte Kontroverse aus, an der sich Otto F. Walter, J.R. von Salis und Peter Bichsel beteiligten.
45 *Politik*, *FDWA*, Bd. 34, S. 61ff.
46 Volker Hage, *Max Frisch*. Rowohlts Monographien 616, 11. Aufl., Reinbek b. Hamburg: Rowohlt Taschenbuch Verlag 1997, S. 126
47 Bertolt Brecht, *Werke. Große kommentierte Berliner und Frankfurter Ausgabe*. Hg. von Werner Hecht, Jan Knopf, Werner Mittenzwei, Klaus-Detlev Müller. Berlin und Weimar: Aufbau-Verlag/Frankfurt a.M.: Suhrkamp Verlag, Bd. 29, S. 520
48 *Sehenszeit*, S. 56
49 ebenda
50 *MFGW*, Bd. 2, S. 450
51 Ein Punkt, der anders freilich auch bei Dürrenmatts *Stoffen* zu bedenken ist.
52 *Das Mögliche ist ungeheuer*. Ausgewählte Gedichte. Mit einem Nachwort von Peter Rüedi. Zürich: Diogenes 1993. S. 94
53 *Theater*, *FDWA*, Bd. 30, S. 18f.
54 Nr. 19, 22.6.55
55 *Turmbau. Stoffe IV–IX*, *FDWA*, Bd. 29, S. 74
56 Im Brief, datiert New York Ende Mai 1972, den MF aus Anlaß von Lindtbergs 70. Geburtstag am 1.6.72 schrieb.
57 Brief Nr. 3 vom 27.3.49
58 Brief Nr. 8 vom 16.10.49
59 *Sehenszeit*, S. 181f.
60 Endlich versagt er sich auch ein Wort zu seinem Verhältnis zu Dürrenmatt nicht: »Was Dürrenmatt und mich betrifft, sind wir in jeder Hinsicht geistesmäßig und talentmäßig, so fundamentale Divergenzen, daß ich Deine gestrige Idee, ich poliere ihn als mein Spiegelbild, nicht für einen Fund halte.«
61 Ernst Schröder, *Das Leben – verspielt*. Frankfurt a.M.: S.Fischer 1978, S. 184
62 *FDG*, Bd. 1, S. 118
63 *Sehenszeit*, S. 185f.
64 *Turmbau. Stoffe IV–IX*, *FDWA*, Bd. 29, S. 64–66. Kurt Marti in ›Der kleine Bund‹, 3.1.81
65 *MFGW*, Bd. 6, S. 88

66 *Rekonstruktionen* waren ursprünglich als *Stoffe III* geplant.
67 *Gedankenfuge/Der Pensionierte*, FDWA, Bd. 37, S. 96f.
68 In der Signatur des Schweizerischen Literaturarchivs Bern: TB 2, S.307f.
69 *Dramaturgisches*. Ein Briefwechsel mit Walter Höllerer. Berlin: Literarisches Colloquium 1969
70 *Theater*, FDWA, Bd. 30, S. 98
71 *Versuche/Kants Hoffnung*, FDWA, Bd. 36, S. 42ff.
72 MFGW, Bd. 6, S. 232f.
73 *Versuche/Kants Hoffnung*, FDWA, Bd. 36, S. 47. Nicht auszumachen, ob sich Dürrenmatt hier irrt, oder ob die Begegnung, die Frisch im Brief 29b (8.9.73) ins Auge faßt, ausfiel. Vom 23.8. bis zum 31.10. inszenierte Dürrenmatt in Mannheim *Der Mitmacher*, was natürlich Wochenendbesuche in der Schweiz nicht ausschließt.
74 Rede zum Zürcher Debakel, gehalten im Volkshaus Zürich am 20.12.69, MFGW, Bd. 6, S. 500
75 MFGW, Bd. 5, S. 339
76 FDG, Bd. 2, S. 217
77 FDG, Bd. 3, S. 101f. Die Passage in *Blaubart*: MFGW, Bd. 7, S. 359

Max Frisch
Friedrich Dürrenmatt
Briefe

1 Max Frisch an Friedrich Dürrenmatt
Zürich, 22. Januar 1947

22.1.1947
Zollikerstrasse 265

Verehrter Herr Fritz Dürrenmatt!

Herr Reiss hat mir neulich Ihren Namen und Ihr Stück erwähnt, ich bat ihn um das Manuskript, das ich nun ein erstes Mal gelesen habe, und ich bin begeistert davon. Ich weiss, dass ich nicht der erste bin, der Ihnen das sagt. Das Ganze hinterlässt mir einen tiefen Eindruck, eine Vision, die anhält, einzelne Scenen sind besonders stark, weil sie, wie mir scheint, gross gesehen sind, und ich bewundere vorallem die starke und eigene Vorstellungskraft, die sich in allem offenbart, in der Sprache wie in der bühnenmässigen Verbildlichung. Ich glaube, dass man das Stück, obschon es etliche Schwierigkeiten bietet, auf eine gute Bühne bringen müsste, und habe bereits auch mit Herrn Dr. Hirschfeld darüber gesprochen. Ferner habe ich mein Buch heute an Heinz Hilpert gegeben, damit er es noch vor seiner Abreise liest. Hoffentlich sind Sie mir nicht böse; vielleicht bin ich voreilig gewesen. Einzelne Dinge, so scheint mir wenigstens, müsste man zusammenziehen, und Sie müssten einen sorgsamen Regisseur haben, der mit Ihnen zusammensitzt und Ihnen zeigen kann, wo Sie über Möglichkeiten einer Bühne hinausgehen, sodass die Vision gefährdet ist; ich denke etwa an den Dächertanz der Wiedertäufer und anderes. Man wird Ihnen vielleicht hin und wieder sagen, dass gewisse Einflüsse noch allzu spürbar sind; meinerseits dachte ich manchmal an den Seidenen Schuh, manchmal an den genialischen Georg Büchner. Aber ich glaube, dass gewisse Anlehnungen nur äusserlich sind und nebensächlich; Sie haben Eigenes genug, dass Sie alldies abstreifen können und werden, und wenn Ihnen die Gnade, die so spürbar über Ihrem Erstling waltet, erhalten bleibt, so scheint es mir ausser Zweifel, dass uns in Ihnen ein dramatischer Dichter von Format begegnet. Da ist sovieles, worum ich Sie aufrichtig beneide, und ich hoffe, dass Sie meinen Brief nicht als väterlichen Zuspruch empfinden, als ein Klopfen auf die Schultern; ich möchte Sie nur wissen lassen, wie sehr ich begeistert bin und überzeugt, dass in Ihnen ein wirklicher Dichter angetreten ist, und ich beglückwünsche Sie zu Ihrem ersten Stück.

Mit herzlichem Gruss

Max Frisch

NB. Wenn Sie möchten, dass ich mit Professor Muschg spreche, ob er es in die Sammlung Klosterberg nehmen will, lassen Sie es mich wissen; ich möchte nicht ohne Ihr Einverständnis mich einmischen.

2 Friedrich Dürrenmatt an Max Frisch
Basel, 24. Januar 1947

Basel, St. Albanvorstadt 30
24.1.47

Sehr geehrter Herr Frisch.
Für Ihren Brief möchte ich von ganzem Herzen danken. Ich darf Ihnen sagen, dass mich selten ein Brief so sehr gefreut hat. Sie werden es begreifen, was es für mich bedeutet, dass ein Dichter von so unbestrittener Substanz und Können mir die Hand reicht. Sie wissen wohl selbst, wie sehr dadurch der Mut gehoben wird, den wir immer wieder brauchen, um die Feder nicht aus der Hand zu geben. Es ist nicht Erfolg, was wir brauchen, denn Sie wissen ja, dass auch die Besten nur von wenigen verstanden werden.

Dann möchte ich Ihnen für die Nachsicht danken, mit der Sie den vielen Schwächen meines Stückes begegnet sind, die ich sehr wohl kenne, aber die ich kaum mehr werde verbessern können. Es sind seitdem viele Dinge mit mir geschehen, und mein Leben und mein Denken hat sich in vielem verändert, so dass ich mich nur noch mit Mühe in den Wiedertäufern zurechtfinden kann.

Ihr Brief berührt mich besonders verheissungsvoll, weil er in einen Abschnitt meines Lebens fällt, von dem ich glaube, dass er für mich und meine Kunst entscheidend sein wird. Ich habe diesen Sommer mit vielem abgeschlossen. Vielleicht liegt das Gute in den Wiedertäufern vor allem darin, dass es mich zwingt, weiterzugehen. Es ist so vieles in diesem Stück, das ich nicht mehr fortführen kann, welches ich nur einmal anwenden konnte. Wie sehr werden Sie wissen, dass jeder sich hüten muss, sein eigener Epigone zu werden.

Ich möchte nur noch anführen, dass mich damals besonders das Problem der protestantischen Kirche bewegte, doch hat mich immer mehr die Fabel gefangen genommen. Das Spiel mit Theatereffekten habe ich nur angebracht, um das Grässliche und Unsinnige der Historie zu mildern, damit aus dem Stoff keine Primanertragödie entstehe.

Ich bitte Sie, mich zu entschuldigen, dass ich hauptsächlich von mir gesprochen habe, aber es geht mir darum, die Hand zu ergreifen, die Sie mir dargeboten haben. Ich weiss sehr wohl, dass Sie weiter sind als ich, und dass Sie der Gebende sind, aber der Hungrige setzt sich gern zu Tisch, wenn er eingeladen wird, auch wenn er nur danken kann. Auch ist es mir bewusst, dass sich Ihnen die Welt anders offenbart, und dass sich Ihnen die Probleme anders stellen als mir, wie ich dem entnehme, was ich von Ihnen kenne. Sie müssen bei mir immer bedenken, dass ich ein bernischer Pfarrerssohn bin, und dass ich trotz aller Anstrengung zuletzt die Religion meines Vaters nicht überwinden konnte. Sie werden es recht verstehen, wenn ich sage, dass hier meine Grenze liegt.

Lieber Herr Frisch, es ist nur wenig, was ich zu bieten habe, und was Sie mir gegeben haben, kann ich Ihnen nicht zurückgeben, ich kann Ihnen nur noch einmal von ganzem Herzen danken.

Was eine Aufführung der Wiedertäufer betrifft, so wäre ich sehr erfreut, dieses Stück einmal auf der Bühne zu sehen. Ich danke Ihnen sehr, dass Sie mit Herrn Dr. Hirschfeld gesprochen, dass Sie es Hilpert gegeben haben. Herr Reiss hat mich auf morgen bestellt. Mit Herrn Professor Muschg habe ich schon durch Vermittlung von Herrn Horwitz Fühlung genommen. Er hat die Wiedertäufer und einige andere Arbeiten gelesen. Ich werde ihn ebenfalls morgens treffen.

mit den besten Grüssen

ihr

3 Max Frisch an Friedrich Dürrenmatt
Zürich, 27. März 1949

Zürich, 27. März 1949

Lieber Dürrenmatt!
Heute Nacht habe ich Ihr neues Stück gelesen, habe es von Hirschfeld bekommen für wenige Stunden – ich beglückwünsche Sie! Ich finde es grossartig. Ganz allgemein hat es wieder in vollem Masse, was ich an Ihrer Arbeit nur bewundern kann, das Grosse, das Gross-Gesehene, das sich diesmal als solches, wie ich überzeugt bin, auch ins Theatralische verwirklichen lässt, und dann die Radikalität des Denkens. Das ist natürlich ganz hopphopp gesagt, ich müsste einmal darüber nachdenken, wie man das, was ich an diesem Stück und Ihnen bewundere, genau benennen soll. Im besonderen freut mich natürlich, wieviel von jenem Boden, der keiner ist, dem Zuschauer unter den Füssen wegschmilzt; ein Heer von Arschlöchern wird gegen Sie aufstehen, das wissen Sie, und es wird allerdings eine Freude sein,

das Heer der selbigen zu sehen und zu hören. Was das Stück, um mich in irgendein Detail zu flüchten, über die Vaterländerei sagt, das ist mir ja eine Wonne, die schon ohne Lachen und ohne Lächeln auskommt, eine pure Befreiung, ein Durchstoss zum Unverblümt-Wirklichen; aber Sie, lieber Dürrenmatt, kostet das etliche tausend Franken, denn nun haben Sie wirklich in den Stiftungen unsres Vaterlandes keinen Platz mehr, und ich freue mich koboldisch, dass dieses Stück nun auch in Stuttgart gezeigt wird. Es ist so volltreffend genau das Gegenteil von dem, was man sich wünscht; wesentlich scheint mir ja, dass nicht einfach dieser Ausverkauf einer Kultur gezeigt wird, sondern ein Mensch, der diesen Ausverkauf veranstaltet und durchführt im Sinne einer Erkenntnis; das verhindert, dass das Stück nur ein unmenschliches Hohngelächter ist; Romulus, soweit ich ihn heute Nacht gesehen habe, ist für mich das eigentlich Positive, das alle so flehentlich wünschen, wenn man sie hört, und das sie, wenn es da ist, zugleich verwünschen, ja, das sie am liebsten umbringen möchten oder wenigstens totschweigen, wie es unsere Zeitungen machen, oder das sie einfach beschimpfen, weil das Positive, siehe da, gar nicht das Behagliche ist. Ich rieche schon das Wort, das diesen Romulus empfangen wird: zersetzend, so werden ihn die Politischen nennen, und nihilistisch ist er für alle Biedermänner in Gott, eine Bombe in die christliche Gartenlaube, und seine gelassen-beiläufige Frage, ob Kultur etwas sei, was man retten kann, ist natürlich eine bare Ketzerei; da werden Ihnen die Hühner im ganzen Zuschauerraum gackern, spätestens draussen im Foyer, Kultur ist ihre kostbarste Feder. Das allein unterscheidet uns von allen Wesen, die wir kennen; der römische Kammerdiener, der den Horaz auswendig kann und infolgedessen weiss, dass er nicht untergehen kann und darf, ist ja nicht die einzige, aber eine sehr massvolle und darum vielleicht so unentrinnbare Persiflage für alle, die ihr unsterbliches Daseinsrecht aus der abendländischen Kultur abzuleiten pflegen, ich meine dieses ganze pathetische Getue unsres heimatlichen Westens, der natürlich leben will, so natürlich wie ein Molch oder ein Huhn, das gackert, wenn es ihm an den Kragen geht, aber das alles verbrämt mit einer Pose von kultureller Sendung, der wirklich nur mit einer Komödie beizukommen ist und mit viel Falerner. Auch von Marshall, fürchte ich, werden Sie keine Prämie bekommen, so wie Romulus sich gegenüber dem Rupf, dem eiskalten Kulturretter, zu benehmen beliebt. Irgendwie fand ich es übrigens schade, dass Rupf, wie auch andere Figuren, sehr unerledigt aus dem Rummel kommen. Sehr stark, ich spreche nun wie ein Professor und helvetischer Essayist, der im Besitz der Masstäbe ist und sich das Vergnügen gönnt, einen lebenden Schriftsteller an eben diesen Masstäben zu messen und streckenweise sogar nicht ohne Wohlwollen zu anerkennen: – sehr stark also finde ich die drei ersten Akte, grossartig das Frühstücken des Romulus, das sofort auch fürs Auge alles übrige, was da geschieht, zur Nebensache macht; ohne diesen Umstand, dass Romulus isst oder er könnte auch seine Hühner füttern, wäre sein Desinteressement sofort von andrer Wirkung, irr-arrogant, ungelassen, krampfhaft und so weiter; diese Dinge, finde ich mehr und mehr, sind so wichtig und oft für ganze Akte entscheidend; so hat jeder der drei ersten Akte eine lapidare Linie, besser gesagt, eine grosse theatralische Flächigkeit, die auszufüllen Ihrer ruppigen Fantasie ja keine Mühe macht, aber die Fantasie des sprachlichen Bildes rettet ja wenig oder nichts, wenn ein Akt oder eine Scene nicht schon in der optischen Anlage etwas hergibt. Sehr stark (sagt der Essayist, wenn er anerkennt) ist die Erscheinung des Aemilius, für mich das Stärkste, das, was auch dem Romulus erst die Perspektive gibt, die ihn über den Scharlatan heraushebt; hier brichts herein, und ich bewundere, wie Sie das in einer einzigen Figur zustande bringen, dies schon beim Lesen, beim Sehen wahrscheinlich noch mehr, weil ich dann seine Verstürmung wahrnehme, auch während andere reden. Dass Aemilius dann mit der Rea abhaut, das ist mir heute Nacht etwas unter den Tisch gefallen. Wedekindisch ist auch der dritte Akt in seiner unverschämten Auswertung theatralischer Petarden, die aber, und darum sind sie herrlich, mit dem geistigen Ablauf zusammenklöpfen; nachgerade dürrenmattisch ist natürlich der Sieg des Passiven. Sicher ein heikler und für das ganze Stück entscheidender Punkt, ob ich als Zuschauer das glauben kann, wie die schwarzen Gesellen ringsum an die Wand gedrückt werden; Hirschfeld erzählte mir vorher davon, seinerseits nicht überzeugt; meinerseits bin ich ganz ohne Krampf auch davon überzeugt. Horwitz wird als Romulus eine seiner besten Rollen finden; wenn er nicht durch seine Direktorei erschöpft ist, muss er grossartig werden, ich sehe ihn ganz deutlich. »Wenn dann die Germanen da sind«, das ist herrlich, das ist für mich schon ein geflügeltes Wort, das kommt am Schluss dieses Aktes, der meine Begeisterung auf die Spitze trieb. Den letzten Akt finde ich sehr viel schwächer, sogar schwach, wüsste aber noch nicht, woher ich diesen Eindruck habe, den Eindruck von etwas Billigem, das keineswegs in der Lösung liegt, die auch nur im Einzelnen überraschend, im Ganzen aber konsequent und nicht jenseits des Erwarteten ist. Liegts an den Germanen, die helvetisch-cornichonhaft wirken? Natürlich ist es ein Bestandteil dieser Komödie, dass die Germanen, die drei Akte lang in einem dramaturgisch tadellosen Anmarsch sind, die also erzeugte Erwartung und Befürchtung schon in ihren ersten Exemplaren enttäuschen; dieser Grundwitz in Ehren; aber die Verballhornung geht mir schon in der Sprache zu weit, das heisst, ich komme nicht mehr zur Ausschöpfung der wesentlichen Komik, weil diese Partner für den Romulus einfach zu billig sind, zu schnitzelbankhaft, sie haben für mich nicht die »Realität« aller anderen Figuren, beispielsweise des Kunsthändlers oder des Sportlers oder der rezitierenden Tochter, das alles sind Ueberhöhungen, denen es an Frechheit und auch an Ulk nicht fehlt, aber die Germanen sind mir einfach zu windig: nicht für das Germanische, sondern für das Dramatische. Ich hatte den Eindruck, als wäre es Ihnen da verleidet – nachdem ich zuvor eigentlich sehr bewusstermassen bewundert habe, wie Sie einen Witz in aller Breite auszuspielen imstande sind, beharrlich, unflatterhaft, fast unverschämt, so wie es in grossen Komödie[n] ist oder auch bei einem Cervantes, wo der Grundwitz immer und immer wieder serviert wird, lange über den Genuss der Verblüffung hinaus, hindurch sogar durch eine Zone von verstimmender Wiederholung, fast von Überdruss u. Langeweile, bis man ihn wieder und zwar endgültig gut findet, gut ohne den Reiz der Andeutung und Verblüffung, gut, wie eine Plastik ringsum gut und haltbar sein muss. Wovon habe ich gesprochen? Vom letzten Akt, von meinem Eindruck, als wäre Ihnen da die Arbeit, die vielleicht sogar vorausging zeitlich, etwas verleidet; der Ulk ist nicht mehr voll, finde ich, auch nicht mehr im Mass, er ist mehr wurstig als kühn, und da das Ganze, was Sie in den drei Akten aufgerichtet haben, äusserst anspruchsvoll dasteht, war es mir irgendwie peinlich, wenn Sie sich an entscheidenden Stellen fast mit Gymnasiastenscherzen begnügen. Sicher, es gibt da Dinge, die nicht lächerlich und windig genug sein können; aber nicht billig; der Hühnerhof, der den letzten Kaiser eines Weltreiches umgackert, ist lächerlich, aber nicht billig; die Germanen, die die Weltgeschichte übernehmen, sind billig, und mir ist, als hätte der Grundwitz, den dieser letzte Akt hat, kein anderes Widerlager; er rutscht aus. (Mir scheint, dass sich das mit einiger Arbeit sehr verbessern liesse; es scheint mir ja nicht ein Mangel in der Anlage, nur in der Ausführung.) Natürlich wäre noch viel zu sagen, und es lag mir eigentlich vorallem daran, meinen ersten Eindruck mitzuteilen, bevor man ihn in soundsovielen Gesprächen verquatscht hat. Die Herren Hirschfeld und Oberer habe ich noch nicht näher gesprochen; ich fände es lächerlich, wenn das Stück nicht auch in Zürich gebracht würde, womöglich mit Horwitz, und hoffe auch, dass das wird; Zürich hätte es so nötig! An die Premiere kann ich leider nicht kommen, da ich dann in Stuttgart die eigene Exekution habe oder aber zuhause bin, um meinen dritten Nachkommen zu begrüssen. Wann sehen wir uns wieder einmal? Da ich bald als Architekt arbeitslos sein werde, ist es im frühen Sommer schon möglich, dass ich Sie einmal am Bielersee aufsuche; ich möchte gerne. Für heute, lieber Dürrenmatt, beglückwünsche ich Sie von Herzen und will mich nicht scheuen, Ihnen eine Bewunderung auf den Tisch zu legen, wie ich sie im übrigen, was die persönliche Bekanntschaft mit Zeitgenossen betrifft, nur noch dem Brecht gegenüber zustande bringe; Sie können damit machen, was Sie wollen !

Herzlich grüsst Sie und Ihre Frau
Ihr

Dieser Brief ist natürlich eine wilde Schreiberei, ich habe so gar keine Lust, noch eine Reinschrift anzufertigen.

4 Friedrich Dürrenmatt an Max Frisch
Schernelz, 30. März 1949

Schernelz
30.3.49.

Lieber Herr Frisch,
nehmen Sie für ihren Brief den herzlichsten Dank entgegen. Es freut mich sehr, dass ihnen der Romulus gefällt, gerade ihnen, sind Sie ja einer der wenigen Leser, die es heute gibt. Die Einwände, die Sie dem vierten Akt gegenüber machen, muss ich auf mir sitzen lassen, sie überzeugen mich irgendwo und anderseits habe ich das Gefühl, dass Sie mit ihren Pfeilen ein anderes Ziel suchen als das von mir gewählte. Jedenfalls bin ich heute nicht in der Lage einen anderen vierten Akt zu schreiben, ich sehe auch gar keine

andere Möglichkeit als gerade einen solchen vierten Akt. Natürlich bin ich auch froh aus der ganzen Haut wieder herauszusein, ich habe das Ganze sehr aus dem Aermel geschüttelt, aber ich musste einmal Dinge sagen, die ich nicht mehr länger verschweigen konnte. Ich habe es in drei Akten gemacht und im vierten hatte ich nur noch meinen Spass.

Ich bin froh, dass Sie das Stück nun gelesen haben, ich hatte Ihnen ja versprochen, ein Exemplar zu schicken und nun seit langem ein schlechtes Gewissen. Lassen Sie mich nun aber auch nicht lange mehr mit ihrem Stück im Stich. Jeder, den ich sprach – sogar ein Mensch mit Namen Diggelmann, ein armer Kerl, der mich hier besuchte – hatte es schon gelesen oder gesehen und ich kenne keine Zeile davon, trotzdem ich mich schon zweimal an den Autor selbst gewandt habe.

Wann ich nach Zürich komme, weiss ich nicht. Nach Stuttgart muss ich auch mit, gar nicht mit Begierde, denn ich hasse die Reisen ins Ausland (das freilich schon jenseits Twann und Ligerz liegt) aber Horwitz will es.

Hoffentlich wird es ihrer Frau gut gehen. Wir freuen uns auf den neuen Frisch, und sind gespannt, ob es ein Knabe oder ein Mädchen sein wird, bei uns wird es dieses Jahr auch einmal so weit sein, ich zweifle nicht, dass der Bund dann mit den in Aussicht gestellten Tausendernoten zum Dank für den Romulus anrücken wird.

Kommen Sie doch ein wenig zu uns! Es geht sehr gut, umso mehr, da wir nun sogar ein Dienstmädchen haben, wie im Märchen für sechzig Franken im Monat: Dramatiker haben Glück.

Für den Beobachter schreibe ich jetzt einen Kriminalroman. Ich werde und bin zu allem fähig geworden. Einen Satz, den ich in dieser grammatikalischen Form stehen lasse.

Seien Sie herzlich gegrüsst und vor allem wünschen wir ihrer Frau alles Liebe und Gute und nicht zu grosse Schmerzen. Möge alles gut gehen.

ihr
Fritz Dürrenmatt.

den vierten Akt habe ich noch einmal sprachlich bearbeitet

5 Friedrich Dürrenmatt an Max Frisch
Schernelz, 8. Mai 1949

Schernelz
8.5.49.

Lieber Herr Frisch,
vielen Dank für das Telegramm und für die Weltwoche.

Ist das Kind schon gekommen? Wie geht es ihrer Frau? Ich habe überall gefragt, aber es konnte mir niemand Auskunft geben.

Ueber Deutschland habe ich nichts zu sagen. Da ich nicht so scharfe Augen habe wie Sie, und Sie Deutschland länger und besser kennen, ferner, da es mir widerstrebt in einem Totenacker nach jenen Lebewesen zu scharren, die immer noch zu leben pflegen, schweige ich lieber.

Beiliegend den Wedekind. Der Band 7 fehlt, es ist aber nichts wichtiges drin.

Nehmen Sie ihn als ein kleines Zeichen meiner Dankbarkeit.

Mit den besten Grüssen
und den herzlichsten
Wünschen für ihre
Frau ihr
Fritz Dürrenmatt.

6 Max Frisch an Friedrich Dürrenmatt
o. O., 9. Juli 1949

9.7.49

Lieber Herr Dürrenmatt!
Hier der »Oederland« – Ihre Meinung wird mich in jedem Fall sehr interessieren; Sie werden ganz offen sein, hoffe ich. Heute fahre ich gen Norden

Herzliche Grüße
auch an Ihre Frau
Ihr Frisch

7 Max Frisch an Friedrich Dürrenmatt
Kampen auf Sylt, 14. Juli 1949

Kampen auf Sylt.
14.7.49
p.a. Suhrkamp.

Lieber Dürrenmatt!
Damit ich es nicht vergesse: senden Sie an Suhrkamp, dem ich davon sprach, den »Pilatus« und »Es steht geschrieben«; er möchte es lesen. – (Suhrkamp, Falkensteinerstr. 31. Frankfurt.) Hier, zwischen Dünen und endlosem Wasser, ist es herrlich, leider habe ich mich bereits erkältet; sonst ist es, was ich suchte: eine völlig andere Welt. Herzlich grüßt Sie

Ihr Frisch

(Ich bleibe hier bis zum 3. August.)

8 Max Frisch an Friedrich Dürrenmatt
o. O., 16. Oktober 1949

16.10.49

Lieber Herr Dürrenmatt,
ich danke Ihnen für die prompte Lieferung des Mississippi, Akt eins und zwo, die ich ebenso prompt verschlungen habe. Da ich morgen wegfahre nach Avignon, kann ich Ihnen leider nur wenig und flüchtig schreiben. Der erste Akt ist grossartig in Situation und Entwicklung, finde ich; das Ausspielen der Trümpfe macht grossen Spass, das Absurde

der enthüllten Situation hat, solange es überraschend ist, eine grosse Kraft. Wir haben ja im Geplauder diese Dinge schon etwas gestreift; es sind, was ich andeutete, ganz persönliche Empfindungen, die sich dann beim Lesen vorallem des zweiten Aktes wieder einstellten. Das Absurde, scheint mir, ist auf die Dauer kein fruchtbares Klima. Das Immer-Zugespitzte, abgesehen von der Ermüdung und abgesehen davon, dass ich ohne Vordergründe des Durchschnittlichen leicht den Masstab verliere, der das Unerhörte als unerhört erscheinen lässt, das Immer-Extreme der Beispiele scheint mir eine Gefahr; vielleicht fehlt es einfach an mir, dass mir dann plötzlich die Luft fehlt, was bei den WIEDERTÄUFERN so ganz und gar nicht der Fall war. Das Extreme, das mich verblüfft, ich frage mich manchmal, wieweit seine Wirkung ganz legitim ist; ich habe dann, wie gesagt, Sehnsucht nach einem humaneren Klima, nach Mass selbst im Burlesken, das so leicht in einen Raum gerät, wo einfach alles möglich und alles gleichgültig ist. Die Situation, die Konstellation der drei Leute, Menschen wage ich nicht zu sagen, ist so zweifellos bedeutend, und wie Sie selber das Gefühl haben, ist dieses Stück handwerklich eine beneidenswerte Leistung, obschon der zweite Akt (da weiche ich von Ihrer Meinung ab) mir noch nicht gelöst scheint; ich glaube dem John nicht, dass er die Pistole abdrückt, und das ist doch ein wichtiges Auflager in dem ganzen Bau. Warum ichs nicht glaube? Er ist ordentlich »matt« gesetzt, ich gebe es zu, wenigstens denkmässig; aber nicht lebensmässig. Der Mississippi denkt ihn über den Haufen, was ihm übrigens spürbar Mühe macht; aber John – er ist zwar in einer irrsinnigen Lage, aber es ist mir für diese Menschensorte (John ist ja kein Intellektueller) alles etwas zu theoretisch. Er tut es kraft dramaturgischer Griffe und philosophischer Erkenntnis des Verfassers, aber der Teufel hole mich, er tut es nicht! Mississippi hat für mich nicht das Hypnotische, und die Intelligenz genügt nicht; der Jean, der die Fräulein Julie zwingt, das Rasiermesser zu nehmen, hat es leichter, sie ist ein fälliges Geschöpf, und Jean nimmt sie ganz und gar vom Triebhaften her, wo Argumente nur Erreger von Leidenschaften und Aengsten sind, aber nicht Argumente wie hier, die als Argumente töten sollen. Ich schreibe so hin, was mir durch den Kopf geht und zwar nach einmaliger Lektüre! Vielleicht liegt es nicht am Mississippi – (apropos: der Spleen mit dem Gesetz Moses dürfte öfter kommen, finde ich) – sondern an ihm, dass er, begreiflich verwirrt, nicht einer Verwirrung anheimfällt, sondern seinerseits mississippelt, er führt ein Gespräch, das er nie eingehen könnte, und sobald soviel räsonnierte Debatte da ist, glaube ich nicht mehr an seinen Schuss, sehe nur ein, dass das Stück nicht um diesen Schuss herumkommt, und so nehme ich ihn hin – als absurdes Exempel einer vorgefassten Aussage, aber nicht als Ereignis, das sich mir zum Exempel erhebt. Ich weiss nicht, lieber Dürrenmatt, ob Sie sehen, warum ich hier Mühe habe, und wenn ich der einzige bin, wird es nichts zu sagen haben. Es sind dann noch einige andere Dinge, weniger zentral, die mich stören, Ueberzogenheiten, das Zuviel mit dem Besuch der Hinrichtung; das Groteske, das so wesentlich zu Ihrer ganzen Begabung gehört, muss etwas sehr schwieriges sein, es ist eine Linse für svieles, was sonst nicht sichtbar zu machen ist, und plötzlich, etwas zuviel, sagt es überhaupt nichts mehr, schlägt irgendwie zurück, die Menschen werden zu Puppen – bei Wedekind, denke ich eben, sind es immer noch Menschen aus Fleisch und Blut, verrückte Situation, aber nie abstrakt – das alles als sehr persönliche Empfindungen, Ausdruck persönlicher Befangenheiten vielleicht; der Faden, woran auch die groteske Figur immer noch hängen sollte, der Faden des Ernstnehmenkönnens, des menschlichen Interessiertseins reisst mir vielleicht früher ab als andern. Ich bin sehr neugierig auf den dritten Akt! Hoffentlich stört es Sie nicht, was ich da sage. Es ändert nichts an der Bewunderung, die ich öfter schon ausdrückte, verschärft nur meinen persönlichen Wunsch, dass Sie die künftigen Aussaaten in ein »humaneres Klima« streuen; ich habe wirklich das Gefühl, dass das Absurde zwar grossartig, unerlässlich, immer wieder fruchtbar, aber nicht ein Daueraufenthalt sein kann.

Grüssen Sie herzlich Ihre Frau, ich wünsche ihr alles Gute mit dem kleinen Ligerzer, und Ihnen selber alles Gute

herzlich Ihr

Frisch

9 Friedrich Dürrenmatt an Max Frisch
o. O., o. D.

Lieber Herr Frisch,

mit einer nicht geringen Besorgnis unternehme ich es, Ihnen diesen Brief zu schreiben, denn ich bin gar nicht sicher, ob ich das, was Auszudrücken mein Wunsch ist, im

Stande bin zu tun. Ich habe mich jetzt den ganzen Sommer mit dem Grafen von Oederland beschäftigt, natürlich nicht nur mit ihm, doch blieb er immer im Zentrum jener Dinge, über die ich mir in diesen Wochen Gedanken machte, ohne dass ich jedoch sagen könnte, ich sei eigentlich zu einem abschliessenden Urteil gekommen, am allerwenigsten über den künstlerischen Wert dieser Moritat, wie Sie es nennen. Dazu kommt noch – vielleicht erschwerend – dass ich mich mit meiner eigenen Arbeit um einen Stoff bemühe, der dem ihren nicht allzu fern liegt, doch möchte ich nicht von meiner Arbeit sprechen sondern von der ihren.

Es ist nicht nur der Graf von Oederland, der mich sehr interessiert und dem ich in meinen Gedanken oft wie ein Spion nachspüre, sondern es ist auch der Mörder, der einem keine Ruhe lässt, ja vielleicht ist es so, dass der Mörder noch wichtiger ist. Wenn ich über das nachdenke, was geschehen ist, so bleibe ich am Mörder haften und komme nicht von i h m los. Auch Oederland ist nicht von ihm los gekommen. Der Mörder sagt von Oederland, er habe ihn verstanden, er sei der einzige gewesen, der ihn verstanden habe. Es kann nun so sein, dass man den Mörder verstehen muss um das ganze Stück zu verstehen, um Oederland zu verstehen. Und das mag schwer sein. Denken wir vom Zuschauer aus: Auch er wird kaum den Mörder verstehen, er wird von dieser Mordtat hören, dieser sinnlosen Abortgeschichte, die so sinnlos und so schrecklich ist, er wird sich wie Doktor Hahn bemühen, den Mörder zu verstehen, Sinn zu bekommen und er wird wie Doktor Hahn vor diesem Mord die Waffe strecken, als vor etwas unerklärlichem, das ihn bedroht, das ihn erschüttert, das er sich aber nicht erklären kann: Denn auch der Mörder kann es sich ja nicht erklären, er weiss nur, dass er etwas tat, aber nicht, was er damit wollte, er hat etwas getan, das er in keiner Weise versteht. Doch wird das den Zuschauer nicht verwirren, er wird wie Doktor Hahn, wie der Mörder, vor einem Rätsel sitzen, die Ordnung bleibt bewahrt.

Wenn ich nun über Oederland nachdenke, so ist mir zuerst nicht eigentlich sein Leben nach der Begegnung mit dem Mörder wichtig, auch nicht sein Leben vor dieser Begegnung, sondern der Augenblick, wo Oederland den Mörder versteht. Dieser Augenblick muss schrecklich gewesen sein. Es ist ein Augenblick, den keine Kunst darzustellen vermöchte, aber es liesse sich ein Drama Oederland denken, das den Weg zu diesem Augenblick zeigt, es wäre ein Drama ganz zwischen Oederland und dem Mörder und der Mörder wäre der Sieger. Sie aber stellen den Weg Oederlands nach diesem Augenblick dar. Sie stellen uns Oederland schon als Verwandelten vor. Oederland hat also den Mörder schon begriffen, als er vor den Zuschauer tritt, und das ist eine Schwierigkeit dieses Stücks, dass nämlich der Zuschauer den Mörder noch nicht begriffen hat, aber Oederland. Und den Mörder zu begreifen ist schwer, weil es Mut verlangt. Denn die Wahrheit Oederlands, die Wahrheit nach der er handelt – vielleicht würde ich besser die Wirklichkeit sagen – ist etwas, das sich sehr schwer mit einem Begriff darstellen lässt, sie tun es etwa mit dem Wort Leben, aber auch das ist zu unbestimmt, die Axt drückt es viel besser aus, die Axt, die tötet. Die zweite grössere Schwierigkeit ist nun, dass der Zuschauer Oederland begreifen muss um dem Stück folgen zu können, denn was beim Mörder ein unbegreiflicher Augenblick war, ein Mord, umso unheimlicher, weil ihn niemand versteht, aber doch ahnt, dass er nicht ohne Sinn sein kann, das ist nun bei Oederland nicht mehr ein Augenblick sondern ein Leben. Und das muss der Zuschauer verstehen sonst wird Oederland ein bloss Wahnsinniger, ein Amokläufer, wie ihn Hahn nennt. Er sollte dieses Leben so sehr verstehen, dass er dieser Logik nichts entgegensetzen kann, die Gründe Oederlands sollten in jedem Falle stärker als die des Zuschauers sein, wie zum Beispiel auch die Gründe Mephistopheles stärker als die der Zuschauer sind, Oederland sollte überzeugen (wenn es dann auch ein teuflisches Stück würde) Aber es genügt nicht, dass er wie ein Wahnsinniger erscheint. (erscheint, er ist es nicht) Aber wie sollten Sie das auch machen können? Ist es nicht ein Fehler, der nicht bei ihnen, sondern in Oederland selbst liegt? Sein Leben ist vollständig jenseits aller Begriffe, es ist Abgrund und daher auch jenseits aller Metaphysik, wenn Sie wollen auch jenseits vielleicht aller Kunst. Es ist eigentlich nur instinktiv zu erfassen, aber dennoch muss sich nun Oederland den Gesetzen der Dramatik zu liebe erklären um sich dem Zuschauer begreiflich zu machen.

Ich meine: Es ist ein tiefer Gedanke, Oederland durch sich selbst zu widerlegen, nämlich durch seine begrenzte Erlebnisfähigkeit, wodurch er immer wieder die gleichen Personen erlebt. Nun stimmt das vielleicht in einer gewissen Weise auch objektiv, wir erleben immer wenige Typen, aber das interessiert mich hier nicht, ich möchte nur soviel sagen, dass Oederland kein Genie ist. Das festzustellen ist wichtig, glaube ich. Irgendwo im Tagebuch haben Sie geschrieben, dass einige Marion, der sich erhängt hat, einen Aestheten nannten, weil er so nahe am Abgrund war. Ich will mich zu diesen einigen zählen und gerade deswegen Oederland einen Aestheten in seiner letzten Konsequenz nennen, allerdings auch Don Juan und Jack den Bauchaufschlitzer. Beide waren Genies der Sinnlichkeit (der brave Jack ist zwar eine etwas mysthische [sic!] Figur, er kann auch ein nur verrückter Arzt gewesen sein, ganz sicher aber war der Marquis de Sade ein Genie)[.]

Entschuldigen Sie, dass ich das, was ich das Aesthetische in seiner letzten Kons.[equenz] nenne, nicht näher umschreibe, ich lehne mich hier an Kierkegaard an. Nehmen Sie das Aesthetische hier als das Nicht-religiösabgründige.

Kierkegaard, der sehr über das Aesthetische nachgedacht hat, beschäftigte sich lange Jahre mit der Figur eines Meisterdiebs, alles also Genies, die einen Genies der Verführung die andern der Sinnlichkeit. Dazu kann ich zum Beispiel auch ihren Peregrin zählen in Santa Cruz. Oederland ist nun kein Genie und zwar bewusst keins. Er war ein Staatsanwalt, ein sehr guter, sicher, aber ein Staatsanwaltgenie schlägt auf die andere Seite um, wenn es verrückt wird. Sagen wir, und ich glaube, ich sehe hier richtig, er war vor dem entscheidenden Augenblick, als er den Mörder begriff, ein Mensch wie der Rittmeister in Santa Cruz. Ein Mensch der Ordnung, der sich verwandelt. Die Frage stellt sich nun bei dieser Verwandlung: Kann ein Rittmeister ein

Peregrin werden, ein Staatsanwalt ein Don Juan, ein Marquis von Sade. Wahrscheinlich noch am besten ein Jack der Bauchaufschlitzer, aber nie wird die Rechnung aufgehen, es wird immer ein Rest Rittmeister übrigbleiben. So hat man bei Oederland immer wieder das Gefühl er doziere, er führe seine Morde so aus, wie etwa ein Professor seine Experimente ausführe, nicht einem Instinkt zu liebe sondern einer Lehre.

Im Schachspiel des Ästhetischen.

Öderland:	Läufer
Jack:	Turm
Meisterdieb:	Springer
Don Juan:	Königin.
Künstler:	König. [droht ständig von ethischen Figuren matt gesetzt zu werden.]

Oederland als Läufer:
Diagonale zwischen Ethischer und Ästhetischer Linie die ins Nichts führt. Räumt vorher noch alle ethischen Bauern auf.

Öderland: Ein Schiffbrüchiger, der vom Orkan des Ethischen an der Klippe des Ästhetischen zerschmettert wird.

Peinlichkeit solcher Sätze. Über Öderland schlechtweg nicht zu philosophieren. Nur zu verstehen.

Mordepidemie, die auf Grund von Öderland ausbricht.

Die vom Staat verhängte Strafe über den Autor: Er muss die Grabreden halten.

Damit Sie mich nicht falsch verstehen: Die Feststellung, dass Oederland nicht ein Genie ist, will keine Kritik sein; es ist eine Notwendigkeit, dass er es nicht ist. Oederland leidet an einer Krankheit, an der jedermann leidet, die bei ihnen denn auch folgerichtig auf der ganzen Welt ausbricht. Was ich sagen wollte, war nur dies, dass Oederland eine Gestalt ist, die sich der dramatischen Darstellung eigenartig zu entziehen scheint. Es lässt sich ein Oederland auf dem Ethischen denken (zum Beispiel Michael Kohlhaas, ein Mensch also, der als Henker herumgeht und immer die Schuldigen henkt) aber diese Gestalt würde nicht undramatisch sein, denn sie könnte sich immer auf eine entsetzliche Weise begründen, das heisst begreiflich machen. Oederland nun kann sich nicht begründen, und wenn er dies eben doch tut, räsoniert er nur. Das ist mir manchmal sehr an ihm aufgefallen, während der Mörder zum Beispiel nicht räsoniert. Die Griechenlandrede scheint mir so. Der Grund mag darin liegen, dass nichts derartiges Oederlands Handeln folgerichtig begründen kann.

Um auf etwas anderes zu kommen: Die Verkleidungen. Vom Theater her fasziniert mich das sehr. Sie wenden die Verkleidung in einer ganz neuen Weise an. Wenn sich auf dem Theater ein Schauspieler verkleidet, so bleibt ja für den Zuschauer die Identität bewahrt, er hat das Vergnügen zu sehen wie jemand durch eine verkleidete Person getäuscht wird. Anders ist der Fall, wenn der Schauspieler mit der Verkleidung auch eine andere Rolle annimmt, ich erinnere mich Ginsberg in einem Stück von Achard gesehen zu haben, er spielte gleich drei Personen und zwei davon noch in verschiedenen Lebensaltern. Das Stück von Nestroy wovon ich ihnen erzählte, wo der gleiche Schauspieler sich selbst, seine Frau und sein Kind spielen muss, möchte ich gern einmal sehen. Bei ihnen ist die Verkleidung Symbol. Ich bin gespannt, wie der Zuschauer reagiert.

Durch die Verkleidung heben Sie das Stück ins Traumhafte. Ein Alptraum in dem ein Beil blitzt. Ich möchte fast sagen, dass alles in diesem Stück, was nicht Traum ist, stört. Ein Stück das nie zur Fabel, zur Geschichte werden darf. Eigentlich sehr zu meiner Ueberraschung, denn ich sagte Ihnen in Zürich, dass je realistischer die Welt dieses Stückes sei, desto wirklicher werde es auch, desto grösser sei auch seine Wirkung. Nun stört die Welt des siebenten Bildes mich nicht etwa weil sie zu wenig Wirklichkeit hat, sondern weil sie zu wenig Traum ist, es ist alles wie nicht genügend geträumt, ganz Konstruktion. Auch Santorin gefällt mir wenig. Es ist ein Stück, das sich eigentlich nur in Dachkammern, Estrichen, Aborten und Kellern abspielen lässt, irgendwie nie im freien. In der Novelle im Oederland ist alles ganz anders, da sind Sie, der Erzähler immer zwischen dem Geschehen und dem Zuschauer, darum scheint mir auch die Erzählung stärker. Ein Punkt, der mir zu denken gibt.

Um auf das Ungeniale zurückzukommen: Oederland ist auch kein Narr. Kein Narr und kein Genie. Niemand macht es dem Zuschauer leichter als die Narren und die Genies, die einen bewundern sie und über die andern kann man lachen. Oederland ein gewöhnlicher Mensch der das verrückteste tut. Wenn er richtig erfasst wird, eine der schrecklichsten Gestalten, eine der bedrohlichsten, wenn man ihn nicht versteht ein Wahnsinniger und Wahnsinnige interessieren nicht. Don Quichotte begeistert auch den, der nicht weiss, was er ist, bei Hamlet ist es ebenso.

Das Stück scheint mir sehr gross gedacht aber sehr wenig realisiert.

Oederland notgedrungen sehr einseitige, sehr ›überdeutliche‹ Gestalt. Dadurch alles wie in zu grosser Höhe, wie in Bergluft, in der kaum zu atmen ist.

Die Worte ›Herrlich sind wir und frei‹ kommen mir in der Novelle als schön im Drama unmöglich vor.

Ueber das Beil: Der Tod durch das Beil einer der ›unästhetischen Tode‹. Kaum zu beschreiben. Rote Lache in der ein gespaltener Kopf schwimmt. In der griechischen Tragödie Vorliebe für grausige Todesarten. Sie geschehen hinter der Bühne und werden durch die Sprache erzählt, so ungefähr wie Salome mit dem Kopf des Johannes hereinkommt, die Sprache bringt den Tod vor den Zuschauer. Im Oederland ist dies nicht der Fall. Kann es nicht sein. Frage wie der Tod auf der Bühne erscheint. Ueberhaupt nicht, er ist vom Traum verschluckt.

Sollte Öderland nicht von Anfang an das Beil des Mörders mit sich herumtragen? Sonst in Holzfällerhütte beinah die zweite Geburt Öderlands.

Oederland wieder dadurch als Stück so wie es ist gerechtfertigt, dass Santorin in ihm auftaucht. Santorin ein Name der von einem anderen Planet aus der Erde gegeben wird.

Zu denken, dass der Stoff in die Hände eines schwächeren geraten wäre: Oederland wäre entweder ganz durchreflektiert und damit ein Hebbelscher Held oder ganz unreflektiert und damit ein Tier. Sie hingegen fielen weder der Charyptis noch der Skylla zum Opfer, sondern erlitten gewissermassen zwischen beiden Schiffbruch.

Im Oederland ist die Gegenbewegung gegen die Hauptperson der immer gleiche Moment, die immergleiche Situation, aber gerade diese Gegenbewegung reisst ihn in das Gebiet der Novelle[.] Vielleicht weil die Prosa mehr Magie als Dramatik haben kann

Verzeihen Sie mir die sehr unvollständige Ausführung, ich hätte noch viel zu bemerken und vielleicht schon zu viel bemerkt. Verzeihen Sie es auch, dass ich Unkorrigiertes schicke, aber ich will es nicht ausarbeiten, sonst kommt dieser Brief nie fort. Mit herzlichen Grüssen

Ihr
Dürrenmatt.

Bitte noch warten. Es geht noch einige Tage, bis ich ihnen die Manuskripte für Suhrkamp schicken kann. Arbeite gegenwärtig noch einmal am Romulus.

10 Max Frisch an Friedrich Dürrenmatt
o. O., 23. Juni 1950

23.6.50

Lieber Dürrenmatt!

Ich komme mit einem Anliegen: meine Frau und ich möchten im Sommer einmal für etwa zwei Wochen mit der ganzen Familie, bestehend aus Eltern, drei Kindern und Mädchen, Ferien machen – Wüßten Sie vielleicht in Ihrer viel gelobten Gegend ein mietbares Haus, will sagen, drei Schlafräume und ein Wohnraum? Es wäre, wenn das in Ihrer Gegend zu finden wäre, sehr verlockend; wir könnten uns einmal den Weinen widmen, der Dramaturgie, der Landschaft und dem Gespött.

Grüssen Sie mir Ihre liebe Frau und lassen Sie mich wissen, ob da eine Hoffnung besteht; Zeit: im Juli.

Herzlich grüßt Sie auf alle Fälle
Ihr Frisch

11 Max Frisch an Friedrich Dürrenmatt
o. O., 29. November 1950

29.11.50

Lieber Dürrenmatt!

Vielen Dank für die Novelle, die mir einen starken Eindruck macht; ich werde sie bald wiederlesen – und sie da und dort verschenken; nicht Ihnen zuliebe, sondern dem

Leser zuliebe! – Wie geht es sonst? – Spanien war interessant; die Landschaft gross, der Stierkampf schön, der Faschismus zum Anspucken. –

Nochmals mit Dank und Glückwunsch
Ihr Frisch

12 Max Frisch an Friedrich Dürrenmatt
o. O., 17. Februar 1951

17.2.1951

Lieber Fritz!
Ich danke Dir für den gestrigen Anruf, den ich leider nicht habe abnehmen können. Was mich an den Notizen in der Weltwoche freut, ist, dass wenigstens einer festgestellt hat, was mir das wichtigste ist: dass eine Figur erstanden ist, die es vorher nicht gab. Deine Gedanken, die im mündlichen Vortrag natürlich reicher und verständlicher werden, habe ich mir unterdessen öfter durch den Kopf gehen lassen. Die mathematisch errechenbare Unmöglichkeit, die du so deutlich siehst, war mir, ich gestehe es, nicht so bewusst; anderseits habe ich in den drei Jahren der immer wieder aufgenommenen Arbeit einiges von dem Problem, das du andeutest, natürlich gespürt – meiner Absicht nach wäre es ja so, dass der Graf Oederland, die mythische Figur, durchaus eine solche bleibt, d.h. dass sie sich nicht verkörpert und nicht die Bühne betritt; sie bleibt, selber geschichtlos, über einem persönlichen Schicksal, das, seinerseits zweifel-

los ins Private reduziert, nur dazu da ist, die Anziehungskraft der mythischen Figur zu illustrieren. Oder sagen wir ganz simpel: ein Privatmann, Herr Martin, kommt dahin, sich zeitweilig für Graf Oederland zu halten. Gehen wir vom Stück aus, wie es da ist; was tut sich? Wie wird die mythische Gestalt eingeführt? Ein Dienstmädchen erwähnt den Namen, die Legende von Graf Oederland, ohne dass sie erzählt wird; der Kniff: eine Legende, die es bisher nicht gab, wird als berühmt vorausgesetzt. Das nächste im Stück: ein Köhlerkind, das die Legende von Graf Oederland ebenfalls kennt, träumt aus ihrem unerfüllten Leben heraus, dass dieser Legendengraf einmal wirklich werde. Sie träumt davon, wie die Kinder vom Samichlaus oder die Frauen von Don Juan. Dann, einmal, kommt ein Mann, nicht der Graf, sondern ein Herr Staatsanwalt; sie nennt ihn Graf Oederland, sie stülpt diesen Namen einer mythischen Gestalt über ihn, hoffend, dass er handle wie der legendäre Graf Oederland, der als solcher, und das sollte deutlich genug sein, nie auftritt. Auch später nicht. Später, wie sein Name das nächste Mal auftaucht, ist es der Name eines Hochstaplers; im Hotel. Ein Hochstapler: ein Mann, der nicht ist, was er vorgibt; ein Herr Martin, der vorgibt, eine mythische Gestalt zu sein. Eine Hochstapelei, die wir alle kennen: die meisten Menschen haben solche Interferenzen, ein Mann kommt sich wie Don Juan vor oder wie Blaubart, eine Frau kommt sich wie Helena vor. In diesem Bild, das den Hochstapler zeigt, seinen Erfolg und seine Niederlage, geschieht das folgende: das Schiff, mit dem er um die Welt fahren will, ist ein Nippzeug, es steht plötzlich als Nippzeug auf dem Tisch. Deutlicher, sichtbarer, scheint mir, lässt sich kaum zeigen, dass es sich um eine Hochstapelei handelt: dass ein Herr Martin vor unseren Augen sitzt, nicht eine mythische Gestalt. Die mythische Gestalt wird nicht gezeigt. Das nächste Mal, wie der Name Oederland auftaucht, kommt er bereits als blosse Chiffre; der General fragt den gefangenen Mörder, was das heissen solle: Nachtigall, Heuschrecke, Vergissmeinnicht, Sonnenblume, Santorin, Graf Oederland. Der General sagt deutlich: Das wäre der erste Code, der sich nicht entziffern liesse. Es ist hier nicht von Oederland die Rede, von der mythischen Figur, sondern von einem Decknamen. Im nächsten Bild, in der Kloake, ist es sogar Inge, die Geliebte, die weiss, dass ihr Geliebter nicht der mythische Oederland ist; sie nennt es einen Unsinn, wenn man sie Gräfin nennt. Ihr Traum ist ausgeträumt. Im letzten Bild aber, scheint mir, ist die Deutlichkeit in dieser Hinsicht auf die Spitze getrieben. Elsa sagt: Alle schreien, hoch lebe Graf Oederland, aber keiner hat ihn je gesehen! (weil er eine Mythe ist.) Und ferner: Du, Martin, du bist doch nicht Graf Oederland. – Es ist richtig, die mythische Figur kann keine Geschichte haben und insofern kein Ende; sie geht weiter, ungesehen, man sieht nur ihre blutige Wirkung und hört die Maschinengewehre. Ein Ende, ein durchaus privates, hat nur der Staatsanwalt, der private Herr Martin, der sich eine Zeit lang für Graf Oederland hielt, oder anders gesagt: was wir mit Augen gesehen haben, ist nicht Graf Oederland, die mythische Gestalt, sondern das Oederländische in einem gewöhnlichen Menschen namens Martin, Staatsanwalt. Ich habe nicht erwartet, dass sein privates Schicksal den Zuschauer erschüttert; was mich beschäftigt, ist das Oederländische, eine

Wirklichkeit, an der wir möglicherweise zugrunde gehen, das Oederländische, ausgedrückt durch das Mittel einer mythischen Figur, die als solche, wie du richtig sagst, nicht zu zeigen ist – ich habe sie auch nicht gezeigt, ich habe nur versucht, sie zu spiegeln in einem Irgendwer, der uns die Gestalt, die legendäre, einigermassen umschreibt, indem er dieser Gestalt eine Zeit lang nachzuleben versucht. Er, dieser Irgendwer, geht zum Fenster hinaus; das ändert nicht das geringste an der Gestalt des Oederland, der weiter geht, unsichtbar, aber wirklich – und das ist für unseren Zuschauer wahrscheinlich bedrückender als meine künstlerische Stümperhaftigkeit.

Nun gut, wir werden am nächsten Freitag eine Diskussion haben, die Aufführung wird bald begraben werden, das ist schade, weil auch ich Geld brauche. Ich freue mich, dass du dir die Mühe nehmen willst, deine Gedanken noch deutlicher auszuführen. Meine Frau sagte mir, dass du mit dem Artikel in der Weltwoche nicht ganz zufrieden seist, und ich will Dir diesbezüglich nicht widersprechen. Das Gleiche, anders gesagt, hätte anders wirken können, es ist oft nur eine Frage der Reihenfolge; du sprichst von einem Schiffbruch, und was du hintenher sagst, das Ernsthafte des Wagnisses betreffend, wirkt wie eine höflich bemühte Milderung, kaum als wirkliche Aussage. Das ist schade, aber ich bin froh, dass gerade in dieser Zeitung, die leider wichtig ist, der Verriss ein kollegialer und ernsthafter ist, und vorallem stecken wir den Brüdern einen Riegel, die von Anfang an und zwar nach beiden Seiten versucht haben, uns gegeneinander auszutrumpfen.

Komm bald wieder nach Zürich! Viel Glück bei der Arbeit und mit dem Engel, der von unsrer Erde begeistert ist –

Herzlich dein
Max

13 Friedrich Dürrenmatt an Max Frisch
Ligerz, 19. Februar 1951

Festi Ligerz
19.2.51.

Lieber Max,
vielen Dank für Deinen Brief. Ich bin froh, dass Du mir nicht böse bist. Was mich an meinem Artikel ärgert ist der Wahnsinn, dass ich gar nicht an die Leser dachte, es ist eine Kritik, wie wir sie untereinander pflegen können. Ich habe gleich am Anfang geschrieben, dass der Fehler des Stückes nicht in deiner Kunst liege, dass nun das positive als eine Milderung erscheint, tut mir leid, das muss ich ganz auf meine Rechnung nehmen, das ist dann ganz einfach ungeschickt geschrieben, ein schriftstellerischer Schiffbruch meinerseits. Je mehr ich den Oederland überdenke, desto mehr erscheint er mir als so etwas wie Faust II: Ein grossartiges Unding. Es stimmt alles, was du schreibst, aber glaube mir, die Bühne ist viel zu elementar, als dass sie so etwas subtiles darzustellen vermöchte: Oederland ist eben auf der Bühne da, immer wird auf der Bühne das Symbolische als die Sache gehalten und nie als die Sache von etwas. Gross ist im Oederland das, was im Lapidaren stimmt, ja, in dieser Hinsicht hat deine Dramatik viel gewonnen, der

Mörder ist einfach grossartig weil er bis ins Letzte stimmt: Seine Verzweiflung ist da, etwas ganz klares, als Verzweiflung am Leben, während Oederlands Verzweiflung eine Verzweiflung an der Kultur ist – oder erscheint – eine viel kleinere schwächere Verzweiflung. Ich spreche hier nur von dem wie Oederland auf der Bühne wirkt.

Um auf meinen Artikel zurückzukommen, bedaure ich, dass er das Positive nicht deutlicher zeigte. Die Leute haben ganz einfach kein Recht sich dem Oederland zu entziehen. So ist ihnen mein Artikel ein Grund mehr geworden, nicht an ihre Hinrichtung zu gehen und so lange sie dies nicht tun, vermindert sich ihre Chance, mit dem Leben davonzukommen.

Wann ich wieder in Zürich bin, weiss ich nicht, meine Theaterarbeiten stehen im luftleeren Raum des Nichts Einbringens, ich muss mich wahrscheinlich auf einige Zeit auf die Prosa stürzen und einige Romane schreiben um leben zu können.

Mit den herzlichsten Grüssen
an Dich und die Deinen
Fritz Dürrenmatt.

Ich bin jetzt dabei, an den Artikel für die Rundschau zu gehen, eine Gelegenheit, mich öffentlich genauer zu fassen

Fotos und Faksimiles

»Wenn man älter wird, sucht man ein Zuhause, und ein Theater ist eben ein Zuhause« (FD): Max Frisch, Friedrich Dürrenmatt im Schauspielhaus Zürich 1967 auf einer Probe zu *Die Wiedertäufer.*

KARL
BALLMER

»Dürrenmatt ist ein Erzähler von Geblüt, er braucht Zuhörer, die gewillt oder gezwungen sind, sich unterrichten zu lassen« (MF).
Max Frisch, Lotti und Friedrich Dürrenmatt in der ›Kronenhalle‹ 1963.

»Weitere Kunde, wie FD gegen Andorra hetzt, also nichts Neue
v.l.n.r. (mit dem Gesicht nach vorn) Friedrich Dürrenmatt, Er

emierenfeier *Andorra*, ›Kronenhalle‹ Zürich, 2. November 1961,
hröder, Gesa Schröder, Peter Brogle, Max Frisch, Werner Weber.

»Friedrich Dürrenmatt auf Reisen: Es scheint ihn überhaupt nicht zu stören, daß wir in Venedig sind« (MF). 1967, zwei Schnappschüsse eines Straßenfotografen aus dem Restaurant ›La Colomba‹, Venedig. Fritz und Lotti Dürrenmatt, Max und Marianne Frisch.

»Meine schönste Zeit, meine schlimmste Erfahrung« (FD): 1968 vor dem Bühneneingang des alten Basler Stadttheaters, Friedrich Dürrenmatt, Inspizient Curt Model, Max und Marianne Frisch.

EINTRITT
ANMELDUNG

28. September 1978, an der Vernissage von Friedrich Dürrenmatts Bildern und Zeichnungen in der Galerie Keel:
Max Frisch, Friedrich Dürrenmatt, Anna und Daniel Keel.

MAX FRISCH

CH-8700 Küsnacht
Birkenweg 8
Tel. 01/901614

X. 1978

Lieber Fritz,

herzlichen Dank für Dein Buch. – Und: wenn du's kannst, verzeih, dass ich an dem Abend in der Kronenhalle durchgedreht habe. Das ist nicht nur Cognac! Es häufen sich seit einiger Zeit bei mir die Fehlleistungen, zum Verzweifeln – und viele Fehlleistungen werden für die andern nicht einmal sichtbar; die finden in Klausur statt und Klausur habe ich reichlich – infolgedessen.

MAX FRISCH

CH-8700 Küsnacht
Birkenweg 8
Tel. 01/901614

(2

Lieber Fritz,

ich will dir nur (bevor wir uns wieder einmal sehen) sagen: denke nicht, dass ich meine schnöde (für jedermann völlig unverstehbare) Geste richtig finde, vertretbar oder auch nur verzeihlich. Wenn ich also sage: Verzeih! – so meine ich, genauer gesagt: das hat, im Grund, nichts mit Dir als Person zu tun, nur mit mir. Das ist krank.

Herzlich

Dein alter Max

Neuchâtel
11.5.86.

Lieber Max

Es war für Dich einst ein Problem, dass ich zehn Jahre jünger bin als Du. Das spielt jetzt keine Rolle. Unserer beider Rutschbahn, im Nichts endend, die wir noch hinunterzuschlittern haben, ist ungefähr gleich lang Wenn wir schon beide ältere Herren geworden sind, eine Tatsache die, dass sie einmal eintreten könnte, ich nie ins Auge gefasst habe, so weiss ich nicht, ob wir einander kondolieren oder gratulieren sollen. Wie es auch sei, wir haben uns beide wacker auseinander befreundet. ich habe dich in Vielem bewundert, Du hast mich in Vielem verwundert und Verwundet haben wir uns auch gegenseitig. Jedem seine Narben. Diese Zeilen schreibe ich nicht ohne Nostalgie. Ich habe mich nie sonderlich um die Schriftstellerei unserer Zeit gekümmert, du bist seiner Zeit einer der Wenigen gewesen, die mich beschäftigt haben – ernsthaft beschäftigt wohl der Einzige. Als einer der so entschlossen wie Du seinen Fall zur Welt macht, bist Du mir, der ebenso hartnäckig die Welt zu seinem Fall macht, stets als Korrektur meines Schreibens vorgekommen. Dass wir uns auseinanderbewegen mussten, war wohl vorgezeichnet, ohne dass ich damit eine Literaturgeschichtliche Prädestinationslehre aufstellen möchte

Dein

Dürrenmatt

Vorhergehende Doppelseite:
Schriftstellertagung in Rüschlikon bei Zürich,
1. November 1968. Persönliches über die Sprache:
der Zürcher und der Berner bei der Lektüre
von Eggimanns Mundartgedichten *henusode,*
Verlag der Arche, Zürich 1968.

14 Max Frisch an Friedrich Dürrenmatt
o. O., 30. März 1953

30.3.53

Lieber Fritz!

Es war eine Freude, dass ich Münster–München nicht allein habe abfangen müssen, dass wir zusammen reisen konnten – Ich denke gerade an die Dinge, die Du, inbezug auf DON JUAN, am letzten Morgen noch vorgebracht hast. Juan ausserhalb der Frage von Recht oder Unrecht, Juan als Einschlag, seine Unschuld, das Paradies-kind, das auf die Erde stösst usw. Wenn Du es in ein paar Zeilen anvisieren könntest, etwa in zehn Zeilen, würde ich sie gerne, als Zitat, in die Notizen (im Buch) nehmen. Das müsste aber bald sein, da sie nach Ostern in den Umbruch gehen wollen. Dies als Anfrage; wenn es Dir nicht behagt, dann nicht.

Im übrigen werden wir uns ja bald wieder sehen.

Meine Frau wird deiner Frau anrufen.

Inzwischen herzliche Grüsse an Deine Frau und Dich und schöne (arbeitsfrohe) Ostern

Dein

Max

15 Max Frisch an Friedrich Dürrenmatt
o. O., 28. November 1954

28.11.54

Lieber Fritz!
Hier dein Hörspiel mit vielem Dank zurück. Wie gesagt, ich las es gleich in der Bahn, es ist sehr spannend – und meines Erachtens ist es gespannt genug, um noch allerlei von dem, was Du in Fülle hast und dir hier versagst, zu tragen. Die Groteske (dass da keine Regierung ist, die sich in Bündnisse einlassen und den Unsinn ratifizierenlassen kann, und dass, sobald die Menschen sich selbst repräsentieren, mit einer Art von Gangsterpolitik es einfach nicht geht; denn was haben Irene und Bonstetten in Russland zu suchen?) ist für mein Gefühl doch die Hauptsache; mein erster Eindruck: sie kommt etwas zu kurz, zu sparsam. Auch deine Vorstellung vom Ewiggewitterwetter, lass sie nicht nur dem Geräusch; Du hast doch die Sprache dafür. Gib mehr davon heraus!…

Ich bin neugierig auf den HERKULES.

Dass Du dir die Mühe nimmst, über das Problem Roman zu schreiben in Bezug auf den STILLER, ist mir eine grosse Freude; Du siehst, wie wenig selbst einem Rychner einfällt, wenn's nicht ein Hofmannsthal ist – er beschränkt sich drauf, fair zu sein, keinen Selbstmord des pubertären Verfasser[s] zu verschulden.

Auf Wiedersehen am Donnerstag!

Herzlich Dein

Frisch

16 Max Frisch an Friedrich Dürrenmatt
o. O., 23. Dezember 1954

23.12.54

Lieber Fritz!

Ich bin nachwievor neugierig auf deinen kritischen Aufsatz, den ich gegenüber Moras (MERKUR) erwähnt habe; die wären sehr interessiert. Deine Arbeit vorerst der Neuen Schweizer Rundschau anzubieten, nachdem diese in Herrn Otto Basler glücklich ihren Mann gefunden hat, wäre sinnlos. Dem Buch geht es übrigens sehr gut; sie drucken bereits das 8. bis 10. Tausend, und du kannst dir denken, wie froh ich drum bin. Inzwischen habe ich eine Wohnung gefunden und gemietet, jedoch nicht in Basel, sondern in einem Bauernhaus in Männedorf, fünfundzwanzig Minuten von Zürich; dort habe ich Platz, Ruhe. Das Ausziehen ist natürlich nicht leicht, aber es muss nun einmal sein. Also ab 4.1.1955: Hasenacker 198, Männedorf. Ein Telefon bekomme ich vorläufig nicht; keine Nummern mehr. Ich hoffe bestimmt, Dich gelegentlich als Gast zu haben! Lass mich durch Karte oder Telegramm wissen, wenn Du in Zürich bist und wie ich dich erreiche. Jetzt wünsche ich Euch allen eine gute Weihnacht, dann ein gutes Jahr, Dir insbesondere viel Lust an der Arbeit, viel Glück im Roman und in der Komödie, die dich plötzlich wieder haben wird.

Lass von Dir hören!

In herzlicher Freundschaft Dein

Max

17 Friedrich Dürrenmatt an Max Frisch
o. O., 19. März 1955

19.3.55

Lieber Max,
da Du telephonisch nicht zu erreichen bist, folgendes: Nächstens werde ich die Stiller-Kritik fertigstellen, sie dir dann zuschicken. Ich musste zuerst einen Roman beenden, dann ging es Lotti schlecht. Sie musste am 2. März operiert werden, Gebärmuttersenkung. Am 10. folgte eine schwere Lungenembolie, die sie glücklicherweise überstand, sie muss nun etwa noch drei Wochen im Spital liegen. Dies die Gründe für mein langes Schweigen. Mache mich nun wieder an die Arbeit.

herzlichst
Dürrenmatt

18 Max Frisch an Friedrich Dürrenmatt
o. O., 29. März 1955

29. III 55

Lieber Fritz!
Hoffentlich geht es Lotti besser. Sie tut mir herzlich leid. Lasse sie grüssen von mir. Vielen Dank für Deine Nachricht. Ein Roman? Und fertig! Ich gratuliere, bin sehr gespannt. Wann sieht man ihn? Und wann Dich? Ich fahre heute nach Deutschland, bin am Sonntag wieder zurück. Du hast offenkundig wie ein Riese (mit Sekretärin) gearbei-

tet, was ich von mir nicht behaupten kann; ich bastle immer noch an der »Chinesischen Mauer«.

Ich hoffe, Euch bald einmal aufsuchen zu können; wenn Lotti wieder wohlauf ist – Dass Du die »Stiller«-Kritik fertigmachst, freut mich sehr.

Glück für Deinen Roman!

Herzlich (in Eile)
Dein Frisch

19 Max Frisch an Friedrich Dürrenmatt
Männedorf, 22. Juni 1955

Männedorf, 22.6.55

Lieber Fritz!
Wie geht's? Ich habe dich bald ein halbes Jahr lang nicht gesehen. Vorgestern traf ich in Gesellschaft wieder einmal den Schifferli, der mit mechanischem Reflex (ihm kaum bewusst) mit mir immer nur über »Dürri« schwätzt, leider so blöd: immer Neuigkeiten (die ich andersherum schon kenne, sodass ich zuweilen die Unverlässlichkeit dieses klatschgeilen Schifferli zu deutlich spüre), eine leidige Art, von Dir zu hören. Nie auch nur ein Ansatz zum Gespräch über etwas, immer nur Personal-Neuigkeiten, Angeberei auf der Basis der Indiskretion. Genug davon! – Du bist an einem Stück, höre ich da und dort, und meine Neugierde ist gross. Schickst Du es mir einmal? Von deinem Aufsatz über Stiller will ich nicht sprechen; aber was macht dein eigener Roman? Kommt er im Herbst? (Schifferli sagt: Ja! aber der hat mir schon zuviele Ja! geplaudert.) Offenkundig geht es Dir

mit der Arbeit sehr gut. Wie geht es Lotti? Ich würde euch gerne einmal wiedersehen. Darf ich im Juli einmal kommen? Ich bin noch immer an der Chinesischen Mauer, viel Spass, viel Krampf auch; Mitte Juli muss ich es liefern, und das ist gut. Ich sehne mich nach etwas Neuem. Hier in Männedorf fühle ich mich sehr wohl, im Sommer besonders; ich lebe, abgesehen von Rauchen und Trinken, gar gesund, vermisse die Stadt nicht, überspiele gewisse Junggesellen-Oeden mit Schach (statt dass ich endlich einmal das Nötigste lese!) und koche mit Vergnügen. Jede Woche kommen die Kinder. Ça va. Ich glaube, auch Trudy geht's gut. Wir erholen uns. Und die Zeit rast! je mehr man Musse hat. Verpflichtungen in Kultur (Tagungen, Vorträge, Diskussionen) werden rücksichtslos abgelehnt: der Musse zuliebe. Keine Ahnung, was ich schreiben werde…

Gib ein Zeichen, ich warte drauf und grüsse Dich herzlich

Dein Max

20 Friedrich Dürrenmatt an Max Frisch
Neuchâtel, 24. Juni 1955

Neuchâtel
24. Juni. 55

Lieber Max,
Dein Brief macht mich glücklich. Ich hatte ein schlechtes Gewissen Dir gegenüber und habe es immer noch. Die Stiller Kritik ist immer noch nicht fertig. Alles kam bei uns so anders, die Krankheit Lottis war ein arger Schock. Zuerst ihre Schmerzen, das Warten auf die Operation, die Furcht,

es sei Krebs (der Arzt war etwas zu direkt in seinen Befürchtungen) dann die Embolie. Dazu hatten die Kinder und ich die Masern, ich kam mir wie eine Hiobparodie vor, zeitweilig. Dazu die Nötigung zu schreiben, Geld her zu bringen. Nicht nur das. Das letzte Mal, wie wir uns sahen, bei dir, stand schon die Krankheit Lottis im Hintergrund, alles war für uns beide so etwas wie eine Galgenmahlzeit: Was ich mit dir noch besprechen muss, ist die politische Seite des Stillers, die mit deinem Stadtabenteuer eine Wendung genommen hat, die ich nicht ganz kapiere. Dass ich an einem neuen Drama schreibe, stimmt, die Sache macht mir Freude; besonders jetzt, da ich alles andere abhängen konnte. Es kam allzu viel dazwischen. Die Aufführungen des Engels in Bern (erstaunlich gut) und jene in Sankt Gallen (erstaunlich schlecht) was zur Folge hatte, dass ich gleichsam explodierte und den zweiten und den dritten Akt neu schrieb: Von der Regie her. Drei Wochen rasende Arbeit, eine meiner glücklichsten Wochen, in denen ich mich in meinem Beruf zum ersten Male seit langem wieder wohl fühlte. Die Neufassung soll schon im Druck sein, wie Schifferli behauptet, die alte sei vergriffen. Dann die Korrektur des Romans und der Wega. Wichtig: Ein Ping-Pongtisch ist angeschafft. Komme, wann du willst. Es schafft sich wundervoll mit einer Tippmamsell: Du spielst Ping-pong und sie tippt. Platten: Mozart, hingetupft, es lässt sich gut dabei korrigieren, ein Fass Bordeaux ist im Anrollen. Die kleinste wird dich amüsieren.

Mit den herzlichsten Grüssen
von Lotti und mir und auf
bald

Leider war ich, was Kongresse angeht, nicht so klug wie Du, musste Lehrgeld zahlen, es war bitter, doch dafür bin ich nun klüger geworden und gehe auch nicht mehr hin.

Fritz.

21 Max Frisch an Friedrich Dürrenmatt
Männedorf, 2. August 1955

Männedorf, 2.8.55

Lieber Fritz!
Verspätet – ich komme aus den Verspätungen nicht mehr heraus – danke ich Dir für dein hübsches Theater-Büchlein, das ich mit Spass gelesen habe, zuletzt dann nicht so gestillt, wie ichs mir gewünscht hätte. Wann sprechen wir wieder einmal? Ich habe immer noch vor, in Neuenburg aufzutauchen, Juli ist zwar vorbei – ich habe immer mehr und mehr an der CHINESISCHEN MAUER gehandwerkt, jetzt ist es aber aus, auch die Fahnenkorrektur schon erledigt. Die Ueberarbeitung hat mir also genau ein Halbjahr ausgefüllt, dafür ist es das erste Stück, das ich fertig gemacht habe, hoffentlich nicht fertiggemacht. Jetzt noch eine Geldarbeit für ACV-Basel, dann könnte ich bei Euch, wenn es Dir passt, mich wieder einmal persönlich erkundigen, wie Ihr lebt, was du arbeitest, wie du zurzeit denkst und so weiter. Wie wäre es mit dem 15. August etwa? Vielleicht bist du tief in der Arbeit, zu keinen Störungen aufgelegt; dann lass mich es wissen. Auf dein neues Stück bin ich sehr neugierig.

Grüsse Lotti herzlich von mir. Ich hoffe, dass es ihr gutgeht, und habe ein schlechtes Gewissen, dass ich in eurer schweren Zeit mich auf das Gerücht hin, das ich bekam, nicht näher erkundigt habe.

Herzlich und hoffentlich auf baldiges Wiedersehen
Dein
Max

22 Max Frisch an Friedrich Dürrenmatt
Männedorf, 14. Februar 1956

Männedorf, 14.2.56
Tel. 92.92.13

Lieber Fritz!
Gestern kam ich zurück von meinem kalten Stockholm, von einem toten Berlin – finde hier die Weltwoche. Zu blöd! du wirst dich über mich ärgern; Gasser war in Frankfurt, man plauderte so, ich dachte natürlich nicht daran, dass der alles sofort in den Druck gibt!... Ich bin dafür, dass wir es trotzdem machen.

In Frankfurt ging es nicht zum besten. Aufführung sehr intensiv, stellenweise durch Ueberdeutlichkeit verwirrend, dazu ein paar imposante falsche Akzente; aber es liegt wohl am Stück: fast niemand versteht, was das soll, und der Humor in der Mordgeschichte irritiert sie vollends, es war ein gespannter Abend. Einige Scenen kamen grossartig, beispielsweise die Mansarden-Scene mit Mörder und Gattin des Ermordeten. Ich halte die neue Fassung für besser als die alte; aber sie löst das Problem auch noch nicht. Und damit nehme ich Abschied von meinem Liebling mit der Axt.

Kommst du im März auf Boldern? Ich hoffe, damit du wieder einmal zu mir kommst. Ich werde mir dein Stück bald wieder ansehen; ich liebe es, aber es stört mich in der Arbeit – weil ich es liebe und bewundere, das heisst, ich muss vorerst in eine Erzählung ausweichen, obschon ich den Stoff, den ich mir erspart habe, eigentlich fürs Theater dachte. Wenn die Erzählung misslingt, bist also Du schuld!

Herzlich dein
Max

23 Max Frisch an Friedrich Dürrenmatt
o. O., 2. Mai 1957

2.5.57

Lieber Fritz,
ich reise dem Theater nach, der Welt, dem Licht und den Inseln, um meinen kleinen Roman mit Wirklichkeit zu füttern oder zu vergessen. Dass Du dich gerade jetzt, wo ich weg bin, in Männedorf meldest, fürchte ich herzlich

Dein Frisch

24 Max Frisch an Friedrich Dürrenmatt
o. O., 5. Januar 1960

5.1.60

Lieber Fritz,
hier eine Kopie zu deiner Orientierung. Ärgerlich. Aber wenigstens ist die Einmischung ins Private gestutzt.

Herzlich
Dein Frisch

25 Friedrich Dürrenmatt an Max Frisch
o. O., o. D.

Lieber Max,
Zu deinem fünfzigsten alles Gute. Gesundheit, Eintritt in den Olymp (den dichterischen, nicht als Aufforderung zum Selbstmord gemeint) Nobelpreis. Wie ich von Hirschi höre, lässt dein Arbeitsglück nicht nach, ich werde geradezu nervös, sehe dich davonspurten.

Andorra: Mehrere Male gelesen, immer zustimmender, zuletzt eigentlich begeistert, eben vorhin, nach zuerst stärkeren Bedenken. Beeindruckt vom Elementaren, Exemplarischen, Klaren. Gratuliere.

Wo ich Mühe habe: Gar nicht in der Entwicklung des Andri, vielleicht dass die Szene mit dem Soldaten und ihm im ersten Bild zu früh ist, zuviel vorweg nimmt. Dann: War es richtig, das Problem des Antisemitismus mit jenem des

Kleinstaates zu verbinden? Kleinstaaten auf der Bühne: Gut als Klima. Gefährlich, wenn ihnen ein Schicksal zugeschrieben wird, welches sie zu einem Problem an sich werden lässt, das sie aus der Anonymität reisst, wie es hier durch den Angriff der Schwarzen geschieht. Parallelen mit der Vergangenheit stellen sich notgedrungen ein, müssen sich einstellen (etwa: Wie wäre es gekommen, wenn Deutschland die Schweiz angegriffen hätte? Eine interessante Frage, gewiss, aber eben eine Scheinfrage, lokal nur für die Schweiz gültig (die andern Kleinstaaten wurden ja überfallen) Der Einwand, alles sei gleichnishaft gemeint, ist nicht ohne weiteres zulässig, es gibt Probleme, die sich nicht mehr aus dem geschichtlichen herausoperieren lassen, du hast ein solches angeschnitten: Unter den Schwarzen wird man ss sehen müssen. Aber auch unter Andorra die Schweiz. Hier stimmt auch die Parallele restlos, wo sich jedoch die Parallelen nicht einstellen können, verliert das allgemeinere Problem an Deutlichkeit, weil es sich verkompliziert. Ein allgemeines Problem durch ein besonderes zu komplizieren. Unbefriedigend finde ich auch den Ausgangspunkt der Story, die Geschichte mit der Senora und dem Lehrer. Muss fürs didaktische die Senora überhaupt auftauchen, ermordet werden, hier wird mir die Dramaturgie zu konventionell. Das Stück stimmt überall da, wo dieser Ausgangspunkt keine Rolle spielt, dass Andri kein Jude ist, halte ich zwar für eine Delikatesse, aber nicht für mehr. Wichtig für die Demonstration des Problems gewiss, aber eigentlich nicht mehr als eine Eselsbrücke, auf die ich verzichten kann. Wenn er schon keiner sein soll, wäre der Ausgangspunkt nicht vielleicht am besten, wie in alten Stücken, gleich am Anfang in einer Art Prolog ein für allemal zu erledigen, möglichst rasant? Zur Judenschau: Kommt hier die Theatersymbolik an die Realität heran? Im Ganzen: begeistert vom dichterischen doch nicht vom konzipierten[.] Es kommt mir vor, wie wenn plötzlich der Woyzeck als fertiges Stück gefunden worden wäre, es hat unbedingt viel von seiner Stärke, doch wäre die Form des scheinbar fragmentarischen vielleicht die stärkste, dichterischste, [...]

26 Max Frisch an Friedrich Dürrenmatt
Rom, 18. Dezember 1964

18.12.64

Lieber Fritz,
hier ein Weihnachtsgruss für Tetta, die, wie ich höre, zu Weihnachten bei Euch ist. Das ist gut. Gib ihr den Brief am Weihnachtsabend.

Von Wyler habe ich nichts mehr gehört, hingegen von Stadtrat Widmer, dass es mit der Pension etwas besser aussieht. Also wie Du erwartet hast. Wie der Rest zu decken ist, haben wir beraten; ist nun etwas mit dieser Stiftung im Gange?

Nun ist auch Ginsberg gestorben. Nachdem du seinen Zustand geschildert hast, war ich »froh«, als die Nachricht kam; aber es bleibt ein grosser Sterbet. Und die Freunde (Freunde, auch wenn man sich im Lauf der Zeit noch so entfremdet hat) wachsen nicht nach; die Welt geht in andere Hände über, natürlicherweise, und man steht von Tod zu Tod etwas verwandtschaftsloser darin. Das wird noch zunehmen jetzt. Hoffentlich sehen wir einander das nächste Mal ohne Begräbnis.

Kommst du einmal nach Rom?

Wir bleiben bis Ende April hier, dann Umzug nach Berzona. Ich würde mich sehr freuen, wenn du einmal kämest. Um ins Gespräch zu kommen, brauchen wir, nachdem es lang und nicht nur äusserlich unterbrochen war, etwas Zeit, Ruhe; in der Kronenhalle fühle ich mich nicht frei.

Grüsse Lotti und sei selber herzlich gegrüsst von deinem

Frisch

27 Max Frisch an Friedrich Dürrenmatt
o. O., 17. Dezember 1965

17.12.65

Lieber Fritz!
Ich habe es gelesen. Das Stück beschäftigt mich sehr. Ich beglückwünsche Dich. Wie früher so oft. Etwas bestürzt oder sogar sehr. Du bist nie mit einer dünneren Haut auf die Bühne gegangen. Dass der Anfang grandios ist, die Anlage des ganzen grandios, brauche ich Dir nicht zu versichern. Steckel ist ein Glücksfall, ich sehe ihn. Ich habe für die Aufführung keine Angst. Ein wenig bedaure ich, dass wir nicht müssiggängerisch darüber reden können: von Details, wo ich Dir abraten möchte, von Formulierungen, die

den grossen »Witz« gefährden können, scheint mir, weil sie zu billig sind und ein Leckerbissen für die lauernden Feinde, die man halt hat von einem gewissen Alter an. Aber eigentlich bin ich, eine Stunde nach der ersten raschen Lektüre, noch gar nicht beim Literarischen; das Stück kommt mir trotz des Gelächters, das es mir abzwingt schon beim Lesen und auf der Bühne noch mehr, vorerst wie eine Flaschenpost vor, Standortmeldung von einem Freund, den man zuletzt auf einem robusten Kahn gesehen hat, und es tönt nach grimmiger Seenot. Ohne Lamento; aber das Stück ist nahe an dem Punkt, wo einer nur noch schweigt. Ich verstehe jetzt dein langes schweres Zögern mit dem Stück. Im Grunde, nebenbei und vertraulich bemerkt, sollte unser Schauspielhaus damit seine Tore schliessen. Es wird ein grosser Abend, ich werde auch Cognac brauchen

in herzlicher Freundschaft
dein
Frisch

28 Max und Marianne Frisch an Friedrich und Lotti Dürrenmatt
o. O., o. D.

[40 Jahre Zoo Zürich] und laufend Neuerwerbungen. Wir erwarten Euren Besuch. Nicht füttern: das neue Paar kommt gerade aus dem National-Park und hat sein Ideal-Gewicht, leider infolge Verführung durch Kurgäste nicht, – alkoholfrei – aber sehr herzlich

Max + Marianne

29 Max Frisch an Friedrich Dürrenmatt
Berzona, 19. Oktober 1969

19.10.1969

Mein lieber Fritz.
Ich weiss nicht, ob es Dir irgendjemand deutlich sagt: Du machst es nicht gut. Wahrscheinlich schreibe ich jetzt einen Brief, wie man ihn nicht schreiben soll, zumindest nicht abschicken soll; aber aus solcher Diplomatie des Alltags (oder wie man's nennen will) resultiert es offenbar, dass du Feinde siehst einerseits und anderseits Freunde, die deinen Auftritt jedenfalls grossartig finden. Es würde genügen, dass dein Auftritt richtig ist; ich finde ihn nicht einmal richtig. Dabei spreche ich weniger von der Pressekonferenz in Basel (da ich ja nicht dabei gewesen bin) als von deinem Artikel im SONNTAGS-JOURNAL.

Du weisst, wie ich Werner Düggelin einschätze. Dein Zorn ist mir verständlich, so wie mir deine Bruderschaft mit demselben unverständlich war; unverständlich wie jetzt deine Bruderschaft mit Kurt Beck oder Bigler. Das ist deine Sache. Du brauchst Leute, die dir blindlings ergeben sind, die dich zur Gallionsfigur machen, um dich zu benutzen. Jetzt machst du Werner Düggelin öffentlich zur Sau und zwar als Person wie als Artist, Rufmord erster Klasse. Auch dein Zorn gibt dir dazu kein Recht, umso weniger als offenbar (laut Berichten) ein Agreement bestanden hat, wie man sich öffentlich verhalten werde. Diese Unfairness, die auch Kalauer nicht tarnen, spricht nicht für Dich. Warum machst du das? Dein Artikel ist voller Fouls. Weisst du das nicht oder meinst du, dass Du sie dir leisten kannst? Dabei erfährt der Leser so gut wie nichts vom grundsätzlichen Problem, das leider nicht zu lösen war; er erfährt, dass Du dich verraten fühlst – und wer dich über Jahrzehnte kennt, weiss dazu, wie leicht Du deine Freunde verrätst, wenn Du mit ihnen nicht unter vier Augen bist, leichtfertig oder auch bösartig, was wiederum nicht heisst, dass Du dich hinterher nicht wieder als Freund fühlst oder benimmst.

(Was ich übrigens nicht als Foul rechnen würde, ist dein Satz: »Frisch und der Suhrkamp-Verlag waren nur dadurch zu beruhigen, dass ich als Gallionsfigur versprach, Frisch zu inszenieren und so durch das Schlagwort DÜRRENMATT INSZENIERT FRISCH das bedrohlich eindringende Wasser wieder herauszupumpen«. Das bestätigt mir lediglich, was ich gehört habe: wie in Basel über dieses Vorhaben gesprochen worden ist. Das ist kein Foul, nur ein klares Off-side:

der Suhrkamp-Verlag war überhaupt nicht beunruhigt, dass ich Düggelin gegenüber auf Konsequenz ging, sondern Du warst beunruhigt, und was dabei mich betrifft, so habe ich dich in Vulpera mit keinem Wort gedrängt, nicht einmal gebeten. Der Satz lügt.)

Sicher halten es deine Trabanten für einen Genie-Streich, wie Du die Presse-Konferenz gesprengt hast. Ich weiss nicht, Fritz. Dass Du die andern nicht zu Wort kommen lässt, das geht, solange Du witzig bist; nur ist der Gekränkte selten witzig, sondern verfällt leicht einer unkontrollierten Eitelkeit. Ich fürchte, das ist geschehen. Es wird vergessen werden.

Euer SONNTAGS-JOURNAL (seine Gründung war ja auch so ein Vorgehen, wo man als Freund nur staunt und am besten schweigt) hat mich zu einer Stellungsnahme eingeladen; das werde ich unterlassen.

Ich weiss nicht, lieber Fritz, was Du mit diesem unangenehmen Brief anfängst. Das muss ich Dir überlassen. Ich habe von Dir ja nicht einen andern Charakter zu fordern. Ich bewundere Dich – und jetzt schon so lange, dass ich mich darauf verlassen kann; aber vielleicht hätte man Dich öfter abpfeifen müssen, wenn Du off-side stehst (nur hörst Du es dann nicht) oder wenn Du, sobald der Sieg nicht sicher ist, Foul spielst. Ich meine nur, dass Du es nicht nötig hättest. Was geht Dir da durch? Frage ich mich, warum ich, statt bei meiner Arbeitsnot zu bleiben, diesen Brief schreibe – der Empfänger kann einen Brief ja auch bösartig verwenden – so vermute ich: Du hast Freunde genug, die es bei der Bewunderung bewenden lassen, aber offenbar wenige, die Du erträgst, wenn sie einmal den Applaus verweigern. Das tue ich gelegentlich; zum Beispiel in diesem Fall. Ohne mich auf die andere Seite zu stellen. Es ist ein Jammer, dass deine praktische Theater-Arbeit nicht weitergeht; Du weisst, wie sie mich interessiert hat: immerhin bin ich jedes Mal hingefahren, um sie mir anzusehen. (Weniger schade finde ich es, dass der DÜRRENMATT INSZENIERT FRISCH nicht stattfindet; ich habe zu dieser Ankündigung nichts gesagt, nur etwas gedacht.) Ein Jammer also; aber dein Artikel ist zu selbstgefällig, als dass er überzeugt. Wer dir das sagt, ist nicht dein Feind; nur wer es hinten herum sagt. Und das sind viele.

Herzlich Dein
Frisch

30 Max Frisch an Friedrich Dürrenmatt
Küsnacht, Oktober 1978

x. 1978

Lieber Fritz,
herzlichen Dank für Dein Buch. – Und: wenn du's kannst, verzeih, dass ich an dem Abend in der Kronenhalle durchgedreht habe. Das ist nicht nur Cognac! Es häufen sich seit einiger Zeit bei mir die Fehlleistungen, zum Verzweifeln – und viele Fehlleistungen werden für die andern nicht einmal sichtbar; die finden in Klausur statt und Klausur habe ich reichlich – infolgedessen.

Lieber Fritz,

ich will dir nur (bevor wir uns wieder einmal sehen) sagen: denke nicht, dass ich meine schroffe (für jedermann völlig unverstehbare) Geste richtig finde, vertretbar oder auch nur verzeihlich. Wenn ich also sage: Verzeih! – so meine ich, genau gesagt: das hat, im Grund, nichts mit Dir als Person zu tun, nur mit mir. Das ist krank.

Herzlich
Dein alter Max

31 Max und Marianne Frisch an Friedrich und Lotti Dürrenmatt Venedig, 27. Dezember 1979

Venedig, 27.12.79

Lieber Fritz und liebe Lotti,
im Nebel suchen wir die Fritz-Löwen vergeblich, aber denken an Euch mit herzlichen Wünschen

Euer Max

Wir sahen, jedoch, eine Menge andere Löwen, die sollten wir noch einmal miteinander ansehen –; am 1. Weihnachtstag speisten wir in dem besagten Restaurant (mit Fotograf und E. Petrich), Eurer liebevoll gedenkend. Gerade steigt das Wasser auf den M-Platz!

herzlich Marianne

32 Max Frisch an Friedrich Dürrenmatt
Berzona, 15. September 1980

15. September 1980

Lieber Fritz,
die Historiker bitten mich zur Kasse, wie auch Dich. Wie halten wir's? Ueberlege es Dir und lass es mich wissen. Ich bin in diesem Jahr öfter in New York, aber Zürich bleibt Adresse. Ich hoffe, Dir gehe es gut – ich wünsche es Dir,

herzlich Dein alter
Max

[Anlage: Brief der Max Frisch Stiftung an Friedrich Dürrenmatt vom 15. September 1980]

33 Friedrich Dürrenmatt an Max Frisch
Neuchâtel, 11. Mai 1986

Neuchâtel, 11.5.86.

Lieber Max
es war für Dich einst ein Problem, dass ich zehn Jahre jünger bin als Du. Das spielt jetzt keine Rolle. Unserer beider Rutschbahn, im Nichts endend, die wir noch hinunterzuschlittern haben, ist ungefähr gleich lang. Wenn wir schon beide ältere Herren geworden sind, eine Tatsache die, dass sie einmal eintreten könnte, ich nie ins Auge gefasst habe, so weiss ich nicht, ob wir einander kondolieren oder gratu-

lieren sollen. Wie es auch sei, wir haben uns beide wacker auseinander befreundet. Ich habe dich in Vielem bewundert, Du hast mich in Vielem verwundert und verwundet haben wir uns auch gegenseitig. Jedem seine Narben. Diese Zeilen schreibe ich nicht ohne Nostalgie. Ich habe mich nie sonderlich um die Schriftstellerei unserer Zeit gekümmert, du bist seiner Zeit einer der wenigen gewesen, die mich beschäftigt haben – ernsthaft beschäftigt wohl der Einzige. Als einer, der so entschlossen wie Du seinen Fall zur Welt macht, bist Du mir, der ebenso hartnäckig die Welt zu seinem Fall macht, stets als Korrektur meines Schreibens vorgekommen. Dass wir uns auseinanderbewegen mussten, war wohl vorgezeichnet, ohne dass ich damit eine literaturgeschichtliche Prädestinationslehre aufstellen möchte

Dein
Dürrenmatt

Anhang

Editorischer Bericht

Zu den Briefen

Der vorliegende Band enthält den vollständigen Briefwechsel zwischen Max Frisch und Friedrich Dürrenmatt, soweit er erhalten ist und aufgefunden werden konnte. Die Nachlässe Frischs im Max Frisch Archiv, Zürich, und Dürrenmatts im Schweizerischen Literaturarchiv, Bern, zeichnen sich durch große Vollständigkeit und Geschlossenheit aus. Beide haben sie, Frisch wie Dürrenmatt, die Institutionen erst ins Leben gerufen, denen sie die Betreuung ihrer Nachlässe anvertrauen wollten. Diese sind bewußte, also auch gesichtete Hinterlassenschaft. Anders als Dürrenmatt hat Frisch Teile der Manuskripte und Briefe auf Zeit gesperrt. Beide aber haben sie zuvor viele Intimitäten für sich behalten, will sagen vernichtet. Das betrifft zweifellos auch, ja gerade, Briefe. Beider Nachlässe sind nicht »geschönt«, aber in dieser Hinsicht »gestaltet«. Daß sie in ihrem gegenseitigen Briefwechsel allerdings sogar nicht über den Entwurf hinaus gediehene oder nicht abgeschickte Briefe behielten, kann kein Zufall sein und belegt den Stellenwert, den beide ihrer schmalen brieflichen Kommunikation beimaßen. Selbstverständlich ist nicht auszuschließen, daß weitere Briefe verschollen, andere verlorengegangen sind (auf Reisen, in Zeiten des Aufenthalts in Hotels während Endproben zu Stücken oder, im Fall Dürrenmatts, eigenen Inszenierungen); auch nicht, daß der eine oder andere Brief in einer Anwandlung von Verärgerung weggeworfen wurde. Wahrscheinlich ist letzteres in den Augen des Herausgebers nicht, sowenig wie eine nachträgliche Zensur, die beide in anderen, privateren Bereichen geübt haben.

Max Frisch hat einzelne Briefwechsel fast vollständig archiviert, etwa den mit Peter Suhrkamp, in anderen erwies er sich, selbst mit zunehmendem Alter, keineswegs als Systematiker, gelegentlich verbrannte der Mann der scharfen Schnitte auch, was er als Lebensballast empfand – nicht nur Manuskripte. Briefe von und an Dürrenmatt dürften nicht darunter gewesen sein. In Dürrenmatts Korrespondenzen gibt es bis in die mittleren fünfziger Jahre große Lücken, und danach erst recht. Seine Korrespondenz war eine im Zeitalter des Telefons, vor allem in seinen späteren Jahren telefonierte er nächtelang und rund um die Welt. Das gilt in diesem Ausmaß für Frisch nicht, der sehr bewußt mit verschiedenen Schattierungen zwischen Mitteilung und Intimität, Nachdruck und Beiläufigkeit umging – ob er einen Brief von Hand schrieb, selbst in die Maschine tippte oder diktierte, ob er überhaupt schrieb oder etwas per Telefon mitteilte, war nicht unerheblich. In diesen feinen Strategien der Kommunikation war Dürrenmatt unbedenklicher. Er genoß ab Mitte der fünfziger Jahre die Bequemlichkeit einer Sekretärin, aber wenn er einen Brief selbst in die Maschine schrieb (an der Orthografie leicht zu erkennen), verstand er das nicht als Zeichen größerer Vertraulichkeit. Nach seinem Herzinfarkt riet ihm sein Arzt, nur noch mit der Hand zu schreiben, und er hielt sich daran. Alle Typoskripte stammen ab diesem Zeitpunkt (1969) von seinem Sekretariat.

Selbst in dem schmalen und beiden Partnern sicher wichtigen Briefwechsel zwischen Frisch und Dürrenmatt fehlen indes einige Briefe im Original. FDs erster Brief vom 24.1.1947 an MF ist in beiden Archiven nur in Kopie erhalten (hat Frisch jemanden mit dem Dokument beschenkt?), von zwei Briefen MFs an FD sind nur die Durchschläge im Frisch-Archiv erhalten (27.3.1949 und 17.12.1965). Sonst standen dem Herausgeber durchweg die Originale zur Verfügung.

Alle Briefe werden hier ohne Striche, Kürzungen oder Veränderungen des Texts wiedergegeben. Ausgenommen kleinere Fehler oder Flüchtigkeiten, eindeutige Tippfehler (Buchstabenvertauschungen, fehlende Punkte am Satzende), welche stillschweigend berichtigt wurden, blieb die Orthografie unangetastet. Die Abweichung von der Regel gehört namentlich im Fall Dürrenmatts zum persönlichen Ausdruck, ebenso wie die von ihm zeitlebens entweder nachläßig oder rein rhythmisch gesetzte Interpunktion. Auch die fast durchgehende Kleinschreibung der Anrede beließen wir. Daß im Fall des weit weniger von der Norm abweichenden Frisch gleich verfahren wurde, versteht sich. Die zahlreichen Helvetismen blieben stehen. Überhaupt wurden hier kaum, wie sonst üblich, Fehler »stillschweigend verbessert«. Selbstredend hielten wir uns an den (von beiden praktizierten) schweizerischen Gebrauch, statt ß ss zu schreiben. Vom Herausgeber dennoch vorgenommene Zusätze und syntaktische oder inhaltliche Korrekturen (wie z.B. die Berichtigung von Titeln) sind jeweils in eckigen Klammern ausgewiesen.

Frischs und Dürrenmatts Handschriften sind in der Regel gut zu lesen, in einigen schwierigen Fällen half die Erfahrung von Ulrich Weber und Julian Schütt weiter. Ein einziger Fall, drei Worte im ersten Entwurf zu Dürrenmatts Geburtstagsbrief an Frisch 1961 (Nr. 25a), blieb ungeklärt.

Briefe mit scheinbar wenig Informationsgehalt, bloße Adreßänderungen oder Bestätigungen einer Verabredung, wurden an der zeitlich entsprechenden Stelle in die *Anmerkungen* aufgenommen. In einer Beziehung mit so großen Funkstillen kann auch ein bloßes Lebenszeichen schon eine wichtige Information sein. Außer der letzten Karte von Marianne Frischs Hand (Nr. 33a) lassen sich alle Briefe und Postkarten entweder direkt oder über die angesprochenen Inhalte datieren. Mit Ausnahme von vier Postkarten sind alle Briefe im Format A4.

Anmerkungen zu den Briefen

Zur Überlieferung (abgeschickte, nicht abgeschickte Briefe, Manuskript, Typoskript, Datum und Ort sowie Standort der Briefe) geben die *Anmerkungen* Auskunft. Sie dienen zudem der Klärung des biographischen, zeit- und kulturgeschichtlichen Zusammenhangs, wollen sich indes nicht die Vollständigkeit eines durchgehenden Kommentars anmaßen. Literarische Referenzen, Zitate aus Klassikern und andere der »Allgemeinbildung« zu subsumierende Anspielungen wurden nicht aufgeschlüsselt und die Anmerkungen überhaupt in einem Maß gehalten, das der Rahmen eines so schmalen Briefwechsels vernünftigerweise nahelegt: sie müßten sonst gewissermaßen die Biographien von Frisch wie von Dürrenmatt mitliefern, aus naheliegenden Gründen eine Unmöglichkeit. Gelegentlich wurden zur Klärung eines Sachverhalts Briefe Dritter beigezogen, so weit wie nötig und mit den ebenso gebotenen wie gekennzeichneten Kürzungen. Zitiert wird, so nicht anders vermerkt, im Fall von Max Frisch nach *Gesammelte Werke in zeitlicher Folge*, Jubiläumsausgabe in sieben Bänden, hrsg. von Hans Mayer unter Mitwirkung von Walter Schmitz, Suhrkamp Verlag, Frankfurt am Main 1986; im Fall von Friedrich Dürrenmatt nach der *Werkausgabe in 37 Bänden 1998 (mit einem Registerband)*, Diogenes Verlag, Zürich 1998. Den *Anmerkungen* sind ferner sämtliche bibliographische Angaben wie biographische Hinweise zu Personen vorbehalten, die in den Briefen erwähnt werden. Im *Personen- und Werkregister* werden diese mithin nicht noch einmal aufgeführt.

Bei einem Briefwechsel zwischen zwei Autoren, die in der Öffentlichkeit so eng aufeinander bezogen wurden, in welchem zudem die Pausen überwiegen und nicht die Noten, verlangt der Leser nach einer Orientierungshilfe (zumal der einleitende Aufsatz sich die Freiheit von Sprüngen in der Chronologie herausnimmt). Eine solche Hilfe will die *Chronik* sein, ihrerseits kein biographischer Abriß, sondern allenfalls ein knapp skizzierter Umriß. Zu Max Frisch hat sich Julian Schütt, zu Friedrich Dürrenmatt der Herausgeber der leidigen Aufgabe unterzogen, Wichtigstes dem Unerläßlichen zu opfern.

Anmerkungen zu den Briefen

1 Max Frisch an Friedrich Dürrenmatt, *Zürich, 22. Januar 1947]* T: Typoskript, 2 S., Briefkopf: MAX FRISCH, DIPL. ARCHITEKT, S.I.A. ZÜRICH BÜRO SELNAUSTRASSE 16, TELEPHON 27 78 51. Schweizerisches Literaturarchiv, Bern (SLA).

Zollikerstrasse 265] MFs Wohnung bis zum Auszug nach Männedorf auf den 1.1.1955.

Herr Reiss] Kurt Reiss (1900–1974), emigrierte 1933 von Berlin nach Basel, Gründer des Theaterverlags Kurt Reiss, während vieler Jahre Präsident des Schweizerischen Bühnenverlegerverbands. Nach seinem Tod übernahm Egon Karter, Gründer der Basler ›Komödie‹, den Verlag und vertrat FDs Bühnenrechte.

Dr. Hirschfeld] Kurt Hirschfeld (1902–1964), nach der Emigration 1933 eine Spielzeit als Dramaturg am Schauspielhaus Zürich, dann Lektor im Europa Verlag, Zürich, von 1935 bis 1938 Regieassistent in Moskau, ab 1938 Dramaturg des Schauspielhauses Zürich unter der Direktion Oskar Wälterlins, von 1961 bis zu seinem Tod 1964 dessen Nachfolger. Hirschfeld war der Kopf des Schauspielhauses sowohl in den Kriegsjahren wie in der Nachkriegszeit, also sowohl für MF wie für FD der wichtigste Gesprächspartner an diesem Theater. Hirschfeld hatte MF überhaupt erst zu seinem ersten Stück *(Santa Cruz)* überredet. MFs Rede zum Tod Hirschfelds in MFGW, Bd. 5, S. 355–359, diejenige Dürrenmatts in FDWA, Bd. 30 *(Theater)*, S. 121–123.

Heinz Hilpert] Heinz Hilpert (1890–1967), Regisseur und Intendant, während der Nazizeit nicht emigriert, in der Nachfolge Max Reinhardts bis 1944 gleichzeitig Intendant des Deutschen Theaters, Berlin, und des Theaters in der Josefstadt, Wien, Gegenspieler von Gustaf Gründgens (Intendant am Berliner Staatstheater),

»eine der zentralen Gestalten des geistigen Widerstandes, der in jenen Jahren nicht zuletzt in einigen deutschen Theatern ein äußerstes Asyl gefunden hatte« (Gerhard F. Hering). 1946 Regisseur in Zürich, u.a. der Uraufführung von Frischs *Santa Cruz* und Zuckmayers *Des Teufels General*. Herbst 1947 bis Februar 1948 Generalintendant in Frankfurt a.M. Gründete 1948 ein Deutsches Theater in Konstanz, von 1950 bis 1966 Intendant des Deutschen Theaters Göttingen.

Dächertanz] Der Tanz von Johann Bockelson und Bernhard Knipperdollinck am Schluß der Stücks, auf dem Dachfirst vor einem großen tiefhängenden Mond des Bühnenbildners Teo Otto, entfesselte während der Uraufführung am 19.4.1947 tatsächlich den Skandal. Maria Becker: »Ich saß da mit meiner Mutter in der Loge, wie dieser Skandal losging, mir war das vollkommen rätselhaft, die beiden waren auf dem Dachfirst, und plötzlich fingen die Leute an, wie rasend zu buhen und zu pfeifen.«

»Seidener Schuh«] Le soulier de satin, Dramatische Tetralogie von Paul Claudel (1868–1955), in einer gekürzten Fassung für die Bühne uraufgeführt 1943 an der Comédie Française (DE: Schauspielhaus Zürich, 10.6.1944). In der Nähe des katholischen Dramatikers siedelte auch Elisabeth Brock-Sulzer Dürrenmatts Dramaturgie an.

Professor Muschg] Walter Muschg (1898–1965), Germanist an der Universität Basel, Autor von Werken wie *Gotthelf. Die Geheimnisse des Erzählers* (1931), der *Tragischen Literaturgeschichte* (1948/1953) und zahlreicher Essays (u.a. *Die Zerstörung der deutschen Literatur*, 1956), ein Literaturwissenschaftler, der sich, dem Expressionismus entstammend und einigen seiner bedeutendsten Vertretern auf Lebzeiten freundschaftlich verbunden (Ernst Barlach, Alfred Döblin, Hans Henny Jahnn), mit außergewöhnlichem Engagement zeitgenössischer Autoren annahm. Herausgeber der ›Sammlung Klosterberg‹ beim Basler Verlag Benno Schwabe, in der die ersten vier Stücke MFs ebenso erschienen wie *Es steht geschrieben* von FD. In der Schweizer Germanistik war Muschg der Antagonist von Emil Staiger. MFs Vermittlung mußte FD nicht in Anspruch nehmen. Eine Einladung Muschgs hatte FD schon am 7.1.1947 erreicht, und der antwortete gleichentags mit einem vierseitigen Brief. Darin die Sätze: »Es mag an der Richtung meiner Bildung liegen, dass ich mit der neusten Literatur keinen Kontakt habe. Sie ist mir fremd, und was ich gelesen habe, ist mir gleichgültig geblieben. Dies soll aber kein Werturteil sein, sondern nur eine Angabe der Position. Jünger hat mich nicht gleichgültig gelassen, doch lehne ich ihn ab. Mit Mann, Wiechert und Bergengruen, um ganz verschiedenartige zu nennen, konnte ich nie etwas anfangen. Frisch verstehe ich nicht.« Vermutlich am 18.4.1947, am Vorabend der UA von *Es steht geschrieben,* hielt MF im Zürcher Zunfthaus ›Zur Meise‹ als Stellvertreter von Walter Muschg eine Einführung zu FDs Lesung aus dem Stück: »Ich bin nicht sicher, ob ich die Dichtung von Dürrenmatt, den ich persönlich nicht kenne, in ihrem wesentlichen Anliegen begreife. Dieses Anliegen ist ein christliches.« (Max Frisch, *Jetzt ist Sehenszeit.* Briefe, Notate, Dokumente 1943–1963, Im Auftrag der Max Frisch-Stiftung herausgegeben und mit einem Nachwort versehen von Julian Schütt. Frankfurt a.M.: Suhrkamp 1998, S.172ff. [im folgenden zitiert als *Sehenszeit*]). Auf der gleichen Veranstaltung las Kurt Horwitz die Erzählung *Pilatus.*

2 FRIEDRICH DÜRRENMATT AN MAX FRISCH, *Basel 24.Januar 1947]* T: Kopie eines Typoskripts, 2 S., Max Frisch Archiv, Zürich (MFA) und SLA.

St. Albanvorstadt 30] Im Oktober 1946 heiratete FD die Schauspielerin Lotti Geissler, mit der er nach Basel zog, wo sie am Stadttheater engagiert war. Sie richteten sich im leerstehenden Haus St. Albanvorstadt 30 ein, in das später die Privatschule ›Athenäum‹ einziehen sollte, und zogen am 15.7. ins Haus St. Albanvorstadt 10 um. Nach der Geburt des Sohnes Peter (6.8.1947) verließen sie am 10.5.1948 Basel und richteten sich zuerst im Haus von FDs

Schwiegermutter Cécile Falb in Schernelz am Bielersee ein, zogen endlich, bis zum Kauf des Hauses in Neuenburg 1952, um in die benachbarte ›Festi‹ Ligerz, als Untermieter der Textilkünstlerin Elsie Giauque.

Es sind seitdem viele Dinge mit mir geschehen] Aufgabe des Philosophiestudiums, Trennung von der ersten Freundin, der Walliser Malerin Christiane Zufferey, Heirat mit Lotti Geissler, Entscheidung für die Schriftstellerei als Beruf.

Problem der protestantischen Kirche] Der Konflikt zwischen Glauben und Kirche ist entscheidend für das Werk von Kierkegaard, über den FD seine Doktorarbeit schreiben wollte.

dass Sie der Gebende sind] Vgl. MF im 2. Tagebuch: »Er [FD] bleibt der Gebende.« (MFGW, Bd. 6, S. 233)

die Religion meines Vaters] Pfarrer Reinhold Dürrenmatt (1881–1965) war ein liberaler Vertreter des »positiven Protestantismus«, früh vertraut mit den Schriften von Karl Barth und Leonhard Ragaz.

Herr Horwitz] Kurt Horwitz (1897–1974), Schauspieler, Regisseur, Intendant, am Zürcher Schauspielhaus seit der Emigration 1933, Spielzeit 38/39 in Basel, Zürich bis 1946. Von da an bis 1950 Schauspieldirektor in Basel und als solcher einer der Entdecker Dürrenmatts. Eine der Lesarten dieser Entdeckung: Horwitz will das Manuskript von *Es steht geschrieben* vom in Chur engagierten Schauspieler Hans Gaugler erhalten und es dem Schauspielhaus Zürich zugehalten haben, weil er nicht sah, wie er es aus seinem kleinen Basler Ensmble hätte besetzen können. 1953 bis 1958 Intendant des Bayerischen Staatsschauspiels. Wie sein Freund, der Schauspieler und Regisseur Ernst Ginsberg (1904–1964), konvertierte H. vom jüdischen Glauben zum Katholizismus.

einige andere Arbeiten] Frühe Prosa: *Der Alte, Das Bild des Sisyphos, Der Theaterdirektor, Pilatus.*

3 MAX FRISCH AN FRIEDRICH DÜRRENMATT, *Zürich, 27. März 1949]* T: Typoskript, Durchschlag, mit handschriftlichen Ergänzungen, 7 S., MFA.

Ihr neues Stück] Romulus der Grosse: Das Stück ist nach der Verbrennung der letzten Fassung des *Turmbaus* am 13.12.1948 sehr schnell entstanden. Dazu FD in *Anmerkung III zu ›Romulus der Große‹*, FDWA, Bd. 2, S. 122–123. Hirschfeld hat es auch Brecht vorgelegt (s. Brechts Brief in der *Großen kommentierten Berliner und Frankfurter Ausgabe,* Bd. 29, S. 520). Dessen Einwände decken sich z. T. mit denen von MF.

Stiftungen unseres Vaterlandes] MF täuschte sich. Im Juni 1948 hatte FD, ausgerechnet gegen MF als Mitkonkurrenten, den Preis der Welti-Stiftung für das Drama erhalten; am 18.6.1949, also in der Folge des *Romulus,* Fr. 3000.– von der Bührle-Stiftung, zudem 1949 Fr. 10 000.– von der Stiftung der Schweizerischen Landesausstellung 1939, auszahlbar in Raten à Fr. 500.–. Beides auf die Fürsprache von Emil Staiger hin, der von FDs zweitem Stück *Der Blinde* enttäuscht, vom *Romulus* aber begeistert war.

Stuttgart] Unmittelbar nach der Premiere zeigte das Stadttheater Basel Ernst Ginsbergs Inszenierung mit Kurt Horwitz in der Titelrolle im Mai 1949 in Stuttgart.

Zu den Publikumsprotesten FD in *Anmerkung IV zu ›Romulus der Große‹*, FDWA, Bd. 2, S. 123.

Marshall] George C. Marshall (1880–1959), amerikanischer Außenminister, nach dem der Marshall-Plan benannt ist, der, Teil der antikommunistischen Truman-Doktrin, 1947 verabschiedet wurde und Voraussetzung war für Währungsreform, Wiederaufbau und Wirtschaftswunder (im Gegensatz zum früheren Morgenthau-Plan von Roosevelts Finanzminister Henry Morgenthau von 1944, nach welchem Deutschland nach Kriegsende in einen Agrarstaat verwandelt werden sollte).

Wedekindisch] Frank Wedekind (1864–1918), auf Schloß Lenzburg im Kanton Aargau aufgewachsener deutscher Dramatiker *(Frühlings Erwachen, Der Erdgeist, Die Büchse der Pandora, Der Mar-*

quis von Keith), ein Wegbereiter des Expressionismus, wichtiges Vorbild vor allem für FD. Der erste Akt von *Die Ehe des Herrn Mississippi* lehnt sich so eng an Wedekinds Stück *Schloß Wetterstein* an, daß ihm die Uraufführung 1952 eine Urheberrechtsklage von Wedekinds Witwe Tilly eintrug. FD verteidigte sich erfolgreich mit dem Aufsatz *Bekenntnisse eines Plagiators* (FDWA, Bd. 3, S. 211–217).

»Wenn dann die Germanen da sind«] »[...] konzipierte ich die ganze Komödie in der Weise, daß mir als erstes die Schlußsätze jedes Aktes klar wurden: ›Rom hat einen schändlichen Kaiser.‹ ›Dieser Kaiser muß weg.‹ ›Wenn dann die Germanen da sind, sollen sie hereinkommen.‹ ›Damit hat das römische Imperium aufgehört zu existieren.‹« (*Anmerkung III zu ›Romulus der Große‹*, FDWA, Bd. 2, S. 122–123).

cornichonhaft] Neben Erika Manns ›Pfeffermühle‹ war das 1933 von Walter Lesch und dem Theatermann Otto Weissert gegründete ›Cabaret Cornichon‹ die zweite satirische Kleinkunstbühne der Schweiz. Am ›Cornichon‹ war das halbe Ensemble des Schauspielhauses beteiligt, aber auch der Volks- und Filmschauspieler Emil Hegetschweiler. Die Texte schrieben zum großen Teil Walter Lesch und Max Werner Lenz. Das ›Cornichon‹ verlor mit dem Kriegsende seine *raison d'être*, existierte aber noch bis 1951 weiter. Aufmerksam geworden durch *Es steht geschrieben*, warb Walter Lesch FD 1947 als Texter an. Erhalten sind die Nummern *Der Gerettete* und *Der Erfinder*, welche FD zum Programm ›Arche Noah‹ 1948 beisteuerte. Er empfand sie selbst als mißglückt und sich im Cabaret als Fehlbesetzung, brach aber erst Anfang 1950 endgültig mit dem ›Cornichon‹.

schnitzelbankhaft] Schnitzelbänke sind als satirische, zeitbezogene Bänkelgesänge ein wichtiges Element der Basler Fasnacht.

Cervantes] Don Quijote von Miguel de Cervantes (1547–1616) war sowohl für MF wie für FD ein wichtiger Bezugspunkt, auch und vor allem unter dem Gesichtspunkt des »ironischen Helden«.

Oberer] Walter Oberer (geb. 1911), später langjähriger Direktor des

Stadttheaters Bern, war von 1948 bis 1957 Verwaltungsdirektor und künstlerischer Mitarbeiter am Schauspielhaus Zürich.

in Stuttgart die eigene Exekution] Das Gastspiel der Zürcher UA von *Als der Krieg zu Ende war* (Regie Kurt Horwitz) während der Kulturwoche »Die Schweiz in Stuttgart« war, im Gegensatz zum späteren von *Romulus,* keineswegs die befürchtete Niederlage.

4 FRIEDRICH DÜRRENMATT AN MAX FRISCH, *Schernelz, 30. März 1949]* T: Typoskript, Original mit hs., 3 S., MFA.

ihrem Stück] Graf Öderland, aus dem MF allerdings erst im Januar 1950 erstmals Teile aus den ersten vier Bildern vorlas.

Diggelmann, ein armer Kerl] Walter Matthias Diggelmann (1927–1979), aufgewachsen bei Pflegeeltern, 1944 ausgebrochen aus einer Besserungsanstalt, nach Italien geflohen, dort von der deutschen Armee aufgegriffen und als Zwangsarbeiter nach Deutschland deportiert, nach der Rückkehr in die Schweiz zeitweilig in einer Heilanstalt, Gelegenheitsarbeiter, Autodidakt. Erste Veröffentlichungen ab 1954, die Bücher, mit denen D. bekannt wurde, erschienen erst in den sechziger Jahren: *Das Verhör des Harry Wind, Die Hinterlassenschaft, Die Vergnügungsfahrt.*

ob es ein Knabe oder ein Mädchen sein wird] Trudy Frisch-von Meyenburg gebar am 17.5.1949 die zweite Tochter Charlotte.

Für den Beobachter schreibe ich jetzt einen Kriminalroman] Der Richter und sein Henker. ›Der Schweizerische Beobachter‹, 1927 vom Basler Werbefachmann Max Ras gegründet, erst monatlich, dann vierzehntäglich erscheinend, ist eine breite Schweizer Publikumszeitschrift mit großem sozialem Engagement und, dem Selbstverständnis nach, Volksbildungsauftrag. Ras organisierte Anfang der fünfziger Jahre eine Sammelaktion zugunsten FDs.

den vierten Akt [...]] hs. Zusatz.

5 Friedrich Dürrenmatt an Max Frisch, *Schernelz, 8. Mai 1949]* T: Typoskript, 1 S., MFA.

Weltwoche] In der Ausgabe vom 6.5.1949 der Schweizer Wochenzeitung rezensierte MF weniger die Basler UA von *Romulus der Große* (25.4.), er analysierte das Stück. MFGW, Bd. 2, S. 344–346. Zum Programmheft der mißglückten Zürcher Aufführung (10.12.49) steuerte MF einen Text bei.

Wedekind] Frank Wedekind, *Gesammelte Werke.* 7 Bde. München: Georg Müller 1912ff. (nach W.s Tod 1918 auf 9 Bde erweitert). Auf Anregung von FD beschäftigt sich MF wieder mit W. Im Kampen-(Sylt)-Abschnitt des *Tagebuchs 1946–1949:* »Wieder einmal Wedekind gelesen, der zu den wirklichen Theatralikern gehört, und Hauptmann« [W.s großer Kontrahent]. (MFGW, Bd. 2, S. 701)

6 Max Frisch an Friedrich Dürrenmatt, *o.O. [Zürich] 9. Juli 1949]* T: Manuskript, 1 S., SLA.

gen Norden] Kampen/Sylt, p.a. Peter Suhrkamp, s. Brief Nr. 7

7 Max Frisch an Friedrich Dürrenmatt, *Kampen auf Sylt, 14. Juli 1949]* T: Manuskript, 1 S., SLA.

p.a. Suhrkamp] Peter Suhrkamp (1891–1959) lernte Frisch auf der Premiere von Carl Zuckmayers *Des Teufels General* am 25.11.1947 in Zürich kennen. S. regte an, MF solle das im Atlantis-Verlag erschienene *Tagebuch mit Marion* fortsetzen, wofür Atlantis-Verleger Martin Hürlimann nicht zu gewinnen war. MF schrieb die Fortsetzung und wechselte zum nach Beilegung von Streitigkeiten zwischen S. und dem aus dem Exil zurückgekehrten Gottfried Bermann Fischer (für den S. den S. Fischer Verlag treuhänderisch seit 1936 geleitet hatte) neu gegründeten Suhrkamp Verlag. Dort erschien das *Tagebuch 1946–1949* im September 1950.

Pilatus] FD schrieb die Erzählung 1946, zum erstenmal erschienen in ›Veröffentlichungen der Vereinigung Oltener Bücherfreunde‹, Olten 1949, dann aufgenommen in *Die Stadt. Prosa I–IV*, Zürich: Verlag der Arche 1952.

8 Max Frisch an Friedrich Dürrenmatt, *o.O. [Zürich], 16. Oktober 1949]* T: Typoskript, 3 S., SLA.

Mississippi] Die Vorstufe zur ersten Fassung des insgesamt in vier Fassungen vorliegenden Stücks. Konzipiert neben *Romulus* und *Der Richter und sein Henker* in der produktiven Phase nach der *Turmbau*-Krise, kam es erst am 26. März 1952 in der Inszenierung von Hans Schweikart an den Münchner Kammerspielen zur UA und wurde FDs erster internationaler Erfolg. Seine alten Mentoren Ginsberg und Horwitz hatten das Stück (wie übrigens auch *Graf Öderland*) abgelehnt, ihrem negativen Urteil folgte auch der Reiss-Verlag, so daß das Stück als einziges von FD in Emmy Oprechts Europa Verlag erschien.

John] Später nennt FD die Figur des Revolutionärs, Antagonist des fundamentalistisch das Gesetz Moses verfechtenden Staatsanwalts Florestan Mississippi, Saint-Claude.

Fräulein Julie] »naturalistisches Trauerspiel« von August Strindberg, UA 1889.

alles Gute mit dem kleinen Ligerzer] Tochter Barbara, geb. 19.9. 1949.

9 Friedrich Dürrenmatt an Max Frisch, *o.O., o.D. [von fremder Hand nachträglich mit 1950 datiert]]* T: Typoskript mit hs., 14 S., MFA. Der Brief wurde erstmals veröffentlicht in Hans Bänziger, *Frisch und Dürrenmatt*, Bern: Francke 1960, S. 206. FD übernahm ihn in die Werkausgabe 1980 (*Kritik*, FDWA, Bd. 31, S. 29–37).

Die Werkgeschichte von *Graf Öderland* ist sorgfältig referiert im

Anhang zur Ausgabe der *Gesammelten Werke in zeitlicher Folge* (MFGW, Bd. 3, S. 839ff.), inklusive der drei Fassungen von 1951 (UA 10.2.51 Schauspielhaus Zürich), 1956 (Frankfurter Aufführung durch Fritz Kortner, 4.2.1956) und 1961 (Schiller-Theater Berlin, Regie Hans Lietzau, 25.9.1961). Eine erste Prosafassung von sieben Szenen findet sich im *Tagebuch 1946–1949* (MFGW, Bd. 2, S. 406), wie auch die Zeitungsnotizen, die den Stoff entzündeten (MFGW, Bd. 2, S. 362 u. 403f.). MF täuscht sich, wenn er im Brief an FD vom 14.2.1956 (Nr. 22) meint: »Und damit nehme ich Abschied von meinem Liebling mit der Axt.« Er beschäftigt ihn bis ans Ende seines Lebens.

den ganzen Sommer] Legt eine andere Datierung nahe als die von unbekannter Hand auf dem Ts. angebrachte: Herbst 1949, ev. vor Frischs Brief zu *Mississippi* (auch in diesem Fall noch lange genug nach der Zusendung vom 9.7.1949).

dass ich mich mit meiner eigenen Arbeit um einen Stoff bemühe] Die Agenda 1949 fehlt in FDs Nachlaß. Thematisch kommt als dem *Öderland* benachbart in Frage das Hörspiel *Nächtliches Gespräch mit einem verachteten Menschen*, »geschrieben 1951« zwar, nach FDs Angabe (FDWA, Bd. 17, S. 10), aber als Stoff mit an Sicherheit grenzender Wahrscheinlichkeit in die vierziger Jahre zurückreichend. Es ist der Dialog eines Mannes mit seinem Mörder, und der Mörder beschäftigt ihn auch besonders im *Öderland*.

Marion] »Etliche, als der Puppenspieler sich erhängt hat, nennen ihn einen Ästheten, weil er so sehr des Spieles bedurfte, der Form, um leben zu können – weil er so nahe am Chaos wohnte.« (MFGW, Bd. 2, S. 382)

in seiner letzten Konsequenz] hs. Zusatz.

Don Juan] Zu *Don Juan oder Die Liebe zur Geometrie*, entworfen im Frühling 1952, uraufgeführt am Schauspielhaus Zürich am 5.5.1953, s. MFGW, Bd. 2, S. 628 (*Tagebuch 1946–1949*, der Abschnitt *Arabeske*), MFGW, Bd. 3, S. 95, 168, 861. Brief Nr. 14 vom 30.3.1953.

Jack der Bauchaufschlitzer] Der Londoner Serienmörder liquidiert am Schluß von Frank Wedekinds *Die Büchse der Pandora* als in den Superlativ der Perversion getriebenes Prinzip Mann Lulu, das Prinzip Weib, wie es der Mann und Autor Wedekind konstruierte – das Paradox einer hirngeborenen reinen Sinnlichkeit.

Marquis de Sade] Donatien-Alphonse-François Marquis de Sade (1740–1814), »der göttliche Marquis«, in den grausamen erotischen Ausschweifungen seiner Romane und in seinem philosophischen Werk der verkörperte Gegenentwurf zur Aufklärung, eine Kultfigur der »schwarzen Romantik« und des Surrealismus.

»Entschuldigen Sie, dass ich das, was ich das Aesthetische in seiner letzten Konsequenz nenne [...]« bis *»[...] Nicht-religiösabgründige.«]* hs. Zusatz auf der Rückseite von S. 6. des Ts.

Kierkegaard] Sören Kierkegaard (1813–1855), dänischer Philosoph. In seinem Werk *Entweder-Oder* (1843) entwickelt er als fiktiver Herausgeber zweier Textkonvolute, der *Papiere von A* und der *Papiere von B,* den Antagonismus zweier verschiedener Lebensanschauungen oder Existenzformen. Die *Papiere von A* enthalten »vielfältige Ansätze zu einer ästhetischen Lebensanschauung«, ihr Schlußstück ist *Das Tagebuch des Verführers.* Die Figur des Don Juan als sinnliches Genie ist dabei von zentraler Bedeutung. Es zielt auf Genuß, im Gegensatz zum »reflektierten Verführer«, der nicht die Befriedigung der Begierde genießt, sondern den Betrug, die List, die Reflexion über den Genuß. Die *Papiere von B* entwickeln in der Kritik der ästhetischen Existenzform die ethische: das Ästhetische als eine Kategorie der Indifferenz, das Ethische als eine der Entscheidung, der Wahl. MF schrieb seinen *Don Juan* »ohne in die Bibliothek zu gehen [...]. Vieles kannte ich überhaupt nicht: so das Stück von Molière, die Mozart-Oper, den Kierkegaard-Aufsatz« (zu Volker Hage, in: V.H., *Max Frisch*, rororo Monographie, 11. Aufl. Reinbek b. Hamburg: Rowohlt 1997, S. 52f.). FD wählte während seines Philosophiestudiums nicht nur *Kierkegaard und das Tragische* als Dissertationsthema, er bekannte: »Ohne Kierkegaard bin ich als Schriftsteller nicht zu verstehen.« (*Turmbau*, FDWA, Bd. 29, S. 125) Kierkegaard war von entscheidender Bedeutung für seinen Entschluß zur Schriftstellerei wie für die Entstehung seiner späten Prosa.

»Im Schachspiel des Ästhetischen [...]« bis *»Räumt vorher noch alle ethischen Bauern auf.«]* hs. Zusatz auf der Rückseite von S. 7 des Ts.

Santa Cruz] Erstes Stück von MF, 1944 entstanden, allerdings erst nach *Nun singen sie wieder* am Schauspielhaus Zürich uraufgeführt (7.3.1946). Pelegrin, (nicht »Peregrin«, wie FD durchgehend schreibt), ein Vagant, ist neben dem Rittmeister die zweite männliche Hauptfigur.

»Öderland: Ein Schiffbrüchiger [...]« bis *»Er muss die Grabreden halten.«]* hs. Zusatz.

Michael Kohlhaas] Figur und Erzählung von Heinrich von Kleist, erschienen 1810.

Ginsberg] Ernst Ginsberg (1904–1964), Schauspieler, Regisseur, Schriftsteller, am Zürcher Schauspielhaus seit der Emigration 1933 bis 1962, mit Unterbrüchen in Basel, München, Salzburg. Freund von Kurt Horwitz. FDs an der Gedenkfeier des Schauspielhauses Zürich (7.2.1965) gehaltene Rede auf Ginsbergs Tod in FDWA, Bd. 30, S. 124–139. FD, der sich schon um den sterbenden Kurt Hirschfeld gekümmert hatte, saß in den letzten Wochen vor dem Tod seines Freundes fast täglich am Spitalbett und half dem Sprachlosen vermittels eines Alphabets auf einer Schiefertafel, seine letzten Gedichte zu schreiben (*Abschied*, Zürich: Verlag der Arche 1965).

Achard] Marcel Achard (1899–1974), französischer Komödien-Schreiber. Ginsberg spielte im Herbst 1947 in Basel die drei Rollen in *Die Zeit des Glücks*, FD schrieb in der Berner ›Nation‹ vom 1. Oktober eine Kritik (FDWA, Bd. 31, S. 15f.).

Das Stück von Nestroy] Der Tod am Hochzeitstage oder Mann, Frau und Kind, UA 1829. Für den Hinweis danken wir Prof. Dr. Johannes Hüttner, Wien, einem der Herausgeber der kritischen Nestroy-Ausgabe. Dankbare Erwähnung verdient allerdings auch sein Kollege und Mitherausgeber Prof. Dr. Jürgen Hein, der unsere Frage nicht nur nicht beantworten, sondern gar nicht erst zur

Kenntnis nehmen mochte, sich unter Beizug des einschlägigen Zitats aus Goethes *Götz von Berlichingen* weitere Anrufe verbat und uns darüber aufklärte, wie ein ordentlicher Vertreter der Disziplin seinen Öffentlichkeitsauftrag heute auch und immer noch verstehen darf. FD, der sich wiederholt mit der alten Wiener Volkskomödie befaßte (u.a. rezensierte er 1953 das einschlägige Standardwerk von Otto Rommel für die ›Weltwoche‹ vom 2.4. 1953 – FDWA, Bd. 30, S. 26–30), kommt in *Theaterprobleme* auf Nestroys frühe Zauberposse zu sprechen, allerdings in anderem Zusammenhang: als Beispiel für ein Stück, in welchem zwei Akte nicht nacheinander, sondern gleichzeitig spielen.

»Oederland notgedrungen sehr einseitige, sehr ›überdeutliche‹ Gestalt.« bis *»[...] kaum zu atmen ist.«]* hs. Zusatz.

»Sollte Öderland nicht von Anfang an [...]« bis *»[...] zweite Geburt Öderlands«]* hs. Zusatz.

Hebbelscher Held] Friedrich Hebbel (1813–1863), Autor von u.v.a. *Maria Magdalene, Herodes und Mariamne, Agnes Bernauer, Gyges und sein Ring.*

»Verzeihen Sie mir [...]« bis Schluß des Briefs] hs. Zusatz.

Manuskripte für Suhrkamp] MFs Vermittlungsversuch scheiterte. Dennoch hat wohl FD Texte geschickt, aber sie erreichten, in der Phase der Trennung zwischen Peter Suhrkamp und Gottfried Bermann Fischer, letzteren. Der äußert vorsichtig und ohne nachprüfbare weitere Konsequenzen den Wunsch, nach *Pilatus* noch »den Roman« und »die Novelle« lesen zu wollen.

10 MAX FRISCH AN FRIEDRICH DÜRRENMATT, *o.O. [Zürich], 23. Juni 1950]* T: Manuskript, 4 S., SLA.

Zeit: im Juli] Unwahrscheinlich, daß es zum Urlaub am Bielersee kam. Unter dem 25.7.1950 vermerkt FDs Agenda: »Nach Zürich. Frisch getroffen.«

11 Max Frisch an Friedrich Dürrenmatt, *o.O. [Zürich], 29. November 1950]* T: Manuskript, 2 S., SLA.

Novelle] Der Nihilist: Mit Illustrationen von Teo Otto. Horgen-Zürich: Holunderpresse 1950. Auf Anraten von Emil Staiger (25.11.1950: »Nur das eine bedauere ich, daß Sie mit dem allzu deutlichen und fast kulturgeschichtlichen Titel das individuelle Leben der Dichtung ein wenig beeinträchtigen.«) ändert er den Titel für den Band *Die Stadt. Prosa I–IV* (Zürich: Verlag der Arche 1952) in *Die Falle.*

Spanien] MF reiste im November 1950 zum erstenmal nach Spanien. s. *Spanien – Im ersten Eindruck,* MFGW, Bd. 3, S. 179–195.

12 Max Frisch an Friedrich Dürrenmatt, *o.O. [Zürich], 17. Februar 1951]* T: Typoskript mit hs., 2 S., SLA.

Notizen in der Weltwoche] Am 16.2.1951, sechs Tage nach der Premiere des Stücks am Schauspielhaus Zürich, erscheint in der Zürcher Wochenzeitung FDs Aufsatz *Eine Vision und ihr dramatisches Schicksal. Zu ›Graf Öderland‹ von Max Frisch* – keine Kritik der Aufführung, sondern eine Analyse des Stücks. Das Fazit nimmt er vorweg: »Das kühne Unternehmen ist gescheitert«, aber auf hohem Niveau: »Die mythische Gestalt des Öderland, nicht viel mehr als ein Wort, ist Frischs große Tat – was kann ein Dichter mehr? Als Gestalt der Phantasie wird sie ihren weiteren Weg nehmen. Das Theaterstück jedoch bleibt im Privaten stecken, es gehört Frisch allein. Ich weigere mich, im *Öderland* ein etwas blutigeres *Santa Cruz* zu sehen. Es geht um mehr. Man kann *Öderland* nicht als Warnungstafel verwenden: Greift nicht zum Beil! Wenn einmal die Bedingungen da sind, wird man zum Beile greifen. Es ist Aufgabe, diese Bedingungen aus der Welt zu schaffen. Graf Öderland kann nicht gerichtet werden, weil Öderland selbst die Hinrichtung ist. Öderland läßt sich nicht ins schweizerische Geistesleben als eine Gestalt des Kultur-Malaise einbauen.

Graf Öderland geht die Welt an, er ist eine Gestalt der Apokalypse.« (*Kritik*, FDWA, Bd. 31, S. 41f.)

Samichlaus] Schweizerisch für St. Nikolaus.

Engel] Ein Engel kommt nach Babylon, FDWA, Bd. 4. FDs Agenda schweigt sich in diesem Zeitraum über eine Arbeit an diesem Stoff aus, der aus den Trümmern des angeblich verbrannten *Turmbaus* hervorging.

»vorallem stecken wir den Brüdern einen Riegel«] So früh schon begann die literarische Öffentlichkeit in MF und FD Rivalen zu sehen und sich in Gefolgschaften zu formieren!

13 FRIEDRICH DÜRRENMATT AN MAX FRISCH, *Ligerz, 19. Februar 1951]* T: Typoskript mit hs., 1 S., MFA.

Artikel für die Rundschau] Dafür, daß FDs erweiterte Auseinandersetzung mit *Graf Öderland* geschrieben oder gar publiziert wurde, gibt es keinen Anhaltspunkt. So wie er auch das Versprechen einer Kritik des *Stiller* nicht einhalten konnte. Mit der Schweizer Rundschau ist die ›Neue Schweizer Rundschau‹ gemeint, nicht zu verwechseln mit der Solothurner ›Schweizer Rundschau‹, für die FD im April 1948 seine *Anmerkung zu Schillers ›Räubern‹* schrieb. Die NSR wurde bis 1931 von Max Rychner geleitet, »konservativ, aber mit Umsicht. 1933 erschien das Organ mit stärkerer helvetischer Akzentuierung, geleitet von Rychners Jugend- und Altersfreund Walther Meier (1898–1982). Die NSR hielt sich bis 1955 [...]« (Julian Schütt)

14 MAX FRISCH AN FRIEDRICH DÜRRENMATT, *o.O. [Zürich], 30. März 1953]* T: Typoskript mit hs., 1 S., SLA.

Münster–München] Am 25.2.1953 fuhren MF und FD zu einer Tagung des Bayerischen Rundfunks in Feldafing (26.2.). Wie FD berichtet, wurde zuerst das Hörspiel *Herr Biedermann und die*

Brandstifter vorgeführt, das MF als Auftragsarbeit aus der »Burleske« des *Tagebuchs 1946–1949* im Herbst 1952 entwickelt hatte (Erstsendung 26.3.1953), dann hielt Clemens Münster, ein Pionier der deutschen Fernsehgeschichte, verantwortlich beim BR für die Entwicklung des Fernsehens und später Fernsehdirektor, Koordinator der ARD und Intendant des BR, »den Schriftstellern, die der Bayerische Rundfunk [als Hörspielautoren] beschäftigte, einen Vortrag über wissenschaftliche, politische und künstlerische Aspekte des neuen Massenmediums, dem wir nicht mehr entgehen könnten [...]. Wir waren skeptisch.« (FD, *Turmbau*, FDWA, Bd. 29, S. 65).

am letzten Morgen] Rückreise der beiden nach einem Tag in München am 29.3.1953.

Juan als Einschlag] FD spricht aus dem Blickwinkel seiner Beschäftigung mit *Ein Engel kommt nach Babylon* über die Figur des Don Juan. Die von Frisch erwünschten 10 Zeilen lieferte er nicht, ein Zitat fehlt im Programmheft zur Uraufführung des Schauspielhauses Zürich (5.5.1953) wie im Text *Nachträgliches zu Don Juan* (MFGW, Bd. 3, S.168–175).

15 MAX FRISCH AN FRIEDRICH DÜRRENMATT, *o.O. [Zürich], 28. November 1954]* T: Typoskript hs., 1 S., SLA.

dein Hörspiel] Das Unternehmen der Wega, geschrieben 1954, als Gemeinschaftsproduktion des Bayerischen, Süddeutschen und Norddeutschen Rundfunks, 1955 gesendet.

HERKULES] Das Hörspiel *Herkules und der Stall des Augias,* entstanden und erstgesendet 1954 (NDR) .

STILLER] Erschienen im Herbst 1954 (MFGW, Bd. 3, S. 359–780).

Rychner] Max Rychner (1897–1965), Redaktor der ›Neuen Schweizer Rundschau‹ (1922–31, Korrespondent der ›NZZ‹ in Köln (1933–37), Feuilletonredaktor beim Berner ›Bund‹ (bis 1939). Von 1939 bis 1962 literarischer Redaktor der Tageszeitung ›Die Tat‹, betreute auch zusammen mit seinem Chefredaktor Erwin Jaeckle eine sehr beachtete wöchentliche Literaturbeilage. Seine Rezension des *Stiller* in ›Die Tat‹, 27.11.1954.

16 Max Frisch an Friedrich Dürrenmatt, *o.O. [Zürich], 23. Dezember 1954]* T: Typoskript, 1 S., SLA.

Moras (MERKUR)] Joachim Moras (gest. 1961) gründete 1947 zusammen mit Hans Paeschke die Monatszeitschrift ›Merkur‹, die ›Deutsche Zeitschrift für europäisches Denken‹, zu deren Mitarbeitern so unterschiedliche Autoren wie Theodor W. Adorno, François Bondy, Ingeborg Bachmann, Gottfried Benn, Hans Magnus Enzensberger, Walter Höllerer, Ernst Jünger oder Hans Egon Holthusen gehörten.

Otto Basler] Seine Rezension zu *Stiller* steht in Heft 8 (Dez. 1954) des 22. Jahrgangs der ›Neuen Schweizer Rundschau‹, S. 508f. Basler, Lehrer, Rezensent, Freund von Thomas Mann (»der gute Basler« wiederholt, »braver Mann« einmal im Tagebuch) und anderen Größen (Hermann Hesse), lebte im aargauischen Burg.

viel Glück im Roman und in der Komödie] Grieche sucht Griechin. Wenn die von FD in *Labyrinth. Stoffe I–III* beschriebene Verwandlung des Prosaplans *Mondfinsternis* in das Stück *Der Besuch der alten Dame* zutrifft, muß ein anderer Komödienplan gemeint sein, oder aber einfach generell der Wunsch, nach der Niederlage mit *Ein Engel kommt nach Babylon* wieder zum Theater zurückzufinden.

17 Friedrich Dürrenmatt an Max Frisch, *o.O. [Neuchâtel], 19. März 1955]* T: Manuskript, 1 S., MFA.

Zum mitgeteilten Sachverhalt s. *Labyrinth. Stoffe I–III*, FDWA, Bd. 28, S. 218–221.

18 Max Frisch an Friedrich Dürrenmatt, *o. O. [Männedorf], 29. März 1955]* T: Manuskript, 2 S., SLA.

Chinesische Mauer] MF meint die zweite von insgesamt vier Fassungen des Stücks, die er zwischen Februar und Juli 1955 für eine Inszenierung von Oscar Fritz Schuh bei den Berliner Festwochen schrieb. UA: 28.10.1955, Theater am Kurfürstendamm.

19 Max Frisch an Friedrich Dürrenmatt, *Männedorf, 22. Juni 1955]* T: Typoskript, 1 S., SLA.

Schifferli] Peter Schifferli (1921–1980), gründete 1944 den ›Arche Verlag‹. FDs Verleger von 1952 bis 1980. Das erste Buch, das er veröffentlichte, war Thornton Wilders *Die Brücke von St. Louis Rey*. Als er 1980 starb, hinterließ er 1300 lieferbare Titel: Werkausgaben von Expressionisten wie Georg Trakl und Georg Heym, Werke von Jünger und Benn (1948 erschienen bei ›Arche‹ die *Statischen Gedichte*), die Schweizer Alexander Xaver Gwerder, Silja Walter, Adolf Muschg, Hugo Loetscher, Gerold Späth, Elisabeth Meylan, Friedrich Glauser, Blaise Cendrars, Dadaisten wie Hans Arp und Hugo Ball. Schifferli, der nie eine Buchmesse besuchte und schon einen Verlagsprospekt für eine Obszönität hielt, produzierte eine an Vielfalt und Widersprüchlichkeit kaum zu überbietende Palette von literarischen Temperamenten.

Junggesellen-Oeden] Mit dem Umzug nach Männedorf auf den 1.1.1955 hin trennte sich Frisch von seiner Familie. Die Ehe mit Trudy Frisch-von Meyenburg wurde allerdings erst 1959 geschieden.

20 Friedrich Dürrenmatt an Max Frisch, *Neuchâtel, 24. Juni 1955]* T: Typoskript, 1 S., MFA.

die Krankheit Lottis] s. Brief Nr. 17.

Stadtabenteuer] MF, der im Januar 1955 sein Architekturbüro aufgegeben hatte, beschäftigte sich schon zuvor zunehmend mit der politischen Dimension des Bauens, mit Fragen der Planung und Stadtentwicklung. 1953 Vortrag *Cum grano salis* vor der Ortsgruppe Zürich des Bundes Schweizerischer Architekten (BSA), gedruckt in der Architekturzeitschrift ›Werk‹. 1954 das »Funkgespräch« *Der Laie und die Architektur,* 1955 zusammen mit Markus Kutter und Lucius Burckhardt *achtung: Die Schweiz,* 1956 *Die neue Stadt.* s. MFGW, Bd. 3, S. 864.

Dass ich an einem neuen Drama schreibe] Der Besuch der alten Dame.

Aufführungen des Engels in Bern und St. Gallen] Bern 11.3.1955, St. Gallen 13.4.1955.

Roman] Grieche sucht Griechin.

Wega] Das Hörspiel *Das Unternehmen der Wega.*

Die kleinste wird dich amüsieren] Tochter Ruth, *6.10.1951.

was Kongresse angeht] 31.3. Baden-Baden, s. *Labyrinth,* FDWA, Bd. 28, S. 293, das Theatergespräch, auf das sich Brecht am Anfang von *Kann die heutige Welt durch Theater wiedergegeben werden?* bezieht (Berliner und Frankfurter Ausgabe, Bd. 23, S. 340). Es ist Brechts Diskussionsbeitrag zum zweiten Kongreß, den FD hier meint: Das ›Darmstädter Gespräch‹ vom 23.–25.4. unter der Leitung von Gustav-Rudolf Sellner, zu dem BB seinen Mitarbeiter Hans Bunge schickt. Die aufgezeichneten Voten und Diskussionen, auch die von FD, sind erschienen in *Theater. Darmstädter Gespräch,* im Auftrag des Magistrats der Stadt Darmstadt und des Komitees Darmstädter Gespräch 1955 von Egon Vietta. Darmstadt: Neue Darmstädter Verlags-Anstalt 1955 (= Darmstädter Gespräch 5).

21 MAX FRISCH AN FRIEDRICH DÜRRENMATT, *Männedorf, 2. August 1955]* T: Typoskript, 1 S., SLA.

Theater-Büchlein] Theaterprobleme. Zuerst erschienen in ›Arche-Bücherei‹ Nr. 257/258, 1955. FDWA, Bd. 30, S. 31–72.

Chinesische Mauer] s. Anm. zu Brief Nr. 18.

Geldarbeit für ACV-Basel] Für die Messe des ACV (Allgemeiner Consumverein beider Basel) vom 3.–11. September 1955 in der Mustermesse Basel schuf MFs Freund Gottfried Honegger-Lavater ein Wandbild. Die nach diesem Bild gefertigte Original-Litho wurde an der Eröffnung den Gästen und Freunden des ACV geschenkt, zusammen mit dem Text von MF. Thema: der Genossenschaftsgedanke.

Wie wäre es mit dem 15. August] Kein Eintrag in FDs Agenden, aber es ist wahrscheinlich, daß der Besuch stattgefunden hat und daß sich zumindest ein Teil von MFs Text in *Sehenszeit,* 185ff. entgegen der dort angegebenen Datierung »ca. 1954« darauf bezieht. MF hatte Ende Juli die Korrekturen der 2. Fassung der *Chinesischen Mauer* beendet.

22 MAX FRISCH AN FRIEDRICH DÜRRENMATT, *Männedorf, 14. Februar 1956]* T: Typoskript, 1 S., SLA.

meinem kalten Stockholm] Mitteilung von Julian Schütt: Aus der Durchsicht der Korrespondenz Frisch–Suhrkamp ergibt sich: Vorlesung vor Studenten in Uppsala (bei Prof. Korlén) und Vorlesung vor dem Schweizer Club und der Schwedisch-Deutschen Gesellschaft. Frisch beschloß, fünf Tage in Stockholm zu bleiben, »um etwas Skandinavien zu schmecken«. Eine Übersetzung des *Stiller* ins Schwedische existierte bereits.

finde hier die Weltwoche. Zu blöd!] Manuel Gasser (1909–1979), Journalist, Kunstkritiker, Mitbegründer der ›Weltwoche‹ und von 1957 bis 1974 Chefredaktor der Kulturzeitschrift ›DU‹, besuchte am 4.2. die Premiere von Fritz Kortners Inszenierung der Neufassung des *Öderland.* Bei dieser Gelegenheit vertraute ihm MF den gemeinsamen Plan zu einer Fortsetzung von *Biedermann und die Brandstifter* an, worüber Gasser in der ›Weltwoche‹ vom 10.2.1956 innerhalb eines Artikels zum *Kunst-Wochenende in Frankfurt a. M.* folgende Notiz erscheinen ließ: »Und da ich unsere dramatischen Dioskuren soeben in einem Atemzug genannt habe, so sei verraten, daß sie vorhaben, ihr nächstes Stück gemeinsam zu schreiben. Genauer: Dürrenmatt wird die erste, Frisch die zweite Hälfte des Abends bestreiten [der Plan des zweiteiligen *Biedermann* sah genau das Umgekehrte vor], und durchwegs werden dieselben Darsteller beschäftigt sein. Die beiden Autoren hoffen dadurch, ihre in zwei Lager geteilten Anhänger für einmal unter einen Hut, das heißt in eine Vorstellung zu locken. Ob diese allerdings gewillt sein werden, auch den doppelten Eintrittspreis zu entrichten, ist wenig wahrscheinlich.«

im März auf Boldern] Ein vom 12.–15.3.1956 von der Evangelischen Akademie im Tagungszentrum Boldern am Zürichsee organisiertes Treffen von Schweizer Schriftstellern und Industriellen. FD in *Turmbau*, FDWA, Bd. 29, S. 66f., und Kurt Marti im Aufsatz, mit welchem er seinem Mitschüler FD zum 60. Geburtstag gratulierte (›Der kleine Bund‹ in ›Der Bund‹, Bern, vom 3.1.1981).

in eine Erzählung ausweichen] Vermutlich *Homo faber*, an dem MF allerdings schon seit Ende 1955 arbeitet. Am 7.9. schreibt MF an Peter Suhrkamp: »Nur im Oktober gehe ich, vermutlich, einmal eine Woche zu Dürrenmatt, wenn er mich haben kann. Ich denke doch daran, als Zwischenarbeit (wenn ich mit meinem Techniker [Walter Faber] in einer Sackgasse bin, wo's Geduld braucht) die kleine Biedermann-Komödie zu versuchen.« In den Agenden und Notizbüchern von FD und MF findet sich kein Hinweis auf den Besuch.

23 Max Frisch an Friedrich Dürrenmatt, *o.O. [Griechenland], 2. Mai 1957]* T: Manuskript, Postkarte, 1 S., Pierre Lachat, La Neuveville, Kanton Neuenburg.

meinem kleinen Roman] Nach der Rückkehr von der Griechenlandreise im Mai entsteht bis August 1957 die endgültige Fassung von *Homo faber*. Buchausgabe Oktober 1957.

24 Max Frisch an Friedrich Dürrenmatt, *o.O., 5. Januar 1960]* T: Manuskript, 1 S., SLA.

Vergessend, daß er den Brief an FDs 39. Geburtstag schreibt, orientiert MF über seine Intervention gegen Hans Bänzigers Buch *Frisch und Dürrenmatt,* Bern und München: Francke Verlag 1960. Die genannte Kopie ist nicht erhalten, aber Bänziger findet in seiner Agenda einen Eintrag, laut dem er am 2.1. zu einem Gespräch mit MF im Beisein von Kurt Hirschfeld nach Zürich zitiert wurde. Nach seiner Erinnerung ging es um Bemerkungen, die das Verhältnis von MF zu Ingeborg Bachmann betrafen. Aus Verärgerung darüber entzog MF Bänziger die schon zugesagte Genehmigung zur Veröffentlichung der Briefe Nr. 8 und 12 dieser Ausgabe.

25 Friedrich Dürrenmatt an Max Frisch, *o.O., o.D. [Letzter von drei erhaltenen Entwürfen zu einem Brief zu Frischs 50. Geburtstag am 15. Mai 1961. Eine abgeschickte Endfassung ist nicht zu finden]]* T: Typoskript mit hs., 1 S., SLA.

Andorra] am 2./3./4. November im Schauspielhaus Zürich uraufgeführt, führte zu einer ersten größeren Entfremdung zwischen MF und FD. Die Bedenken zu äußern, die sich schon in diesen Entwürfen abzeichnen und bis zur UA verstärkten, hielt sich FD nicht zurück, was MF zum Zeitpunkt seines größten Theatererfolgs schwer verstimmte.

nach zuerst stärkeren Bedenken] Beim mehrmaligen Anlauf zu diesem Brief und danach war der Vorgang in Wahrheit umgekehrt, mit ein Grund dafür, daß dieser Brief nicht abgeschickt wurde, zumal auf einen runden Geburtstag hin.

»müssen sich einstellen«] hs. Zusatz.

»Ein allgemeines Problem durch ein besonderes zu komplizieren«] hs. Zusatz.

»Wichtig für die Demonstration des Problems […]« bis *»Eselsbrücke, auf die ich verzichten kann.«]* hs. Zusatz.

»begeistert vom dichterischen, doch nicht vom konzipierten«] hs. Zusatz.

Woyzeck] Georg Büchners (1813–1837) nachgelassenes Fragment.

25a] T: Typoskript mit hs., 1 S., SLA [1. Fassung des Entwurfs]:

Lieber Max,
Zu deinem fünfzigsten alles Gute. Wie ich von Hirschi höre, lässt deine Superform nicht nach, ich werde geradezu nervös, komme mir wie ein USA Raketenbauer gegenüber Gagarin vor.

Andorra habe ich mehrere Male gelesen, immer zustimmender nach starken Bed[enken], beeindruckt vom Elementaren, exemplarischen. Zweifel dagegen kommen mir an den gewählten Bühnen[...] [unlesbare hs. Korrektur] [...] [unlesbarer hs. Einschub], ob es richtig war, das Problem des Antisemitismus mit dem Problem des Kleinstaats zu verbinden, weiss ich nicht. Ein Weltproblem wird durch das allzu Besondere verkleinert. Überhaupt: Kleinstaaten auf der Bühne: gut als Bühnenwitz, als Klima, überschaubar und anonym, gefährlich, wenn man ihnen Schicksal zuschreibt wie du das in Andorra gemacht hast, die Möglichkeit falscher Assoziationen wächst. Zur Judenschau: kommt hier die Theatersymbolik an die Realität heran?

25b] T: Typoskript mit hs., 1 S., SLA [2. Fassung des Entwurfs]:

Lieber Max,
Zu deinem fünfzigsten alles Gute. Gesundheit, Eintritt in den Olymp, (den dichterischen, nicht als Aufforderung zum Selbstmord gemeint) Nobelpreis usw. Wie ich von Hirschi höre, lässt dein Arbeitsglück nicht nach, ich werde geradezu nervös, sehe dich endgültig davonspurten, komme mir vor wie ein Berner beim Schneckenfang.

Andorra: Mehrere Male gelesen, immer zustimmender, zuletzt begeistert, eben vorher, nach zuerst starken Bedenken, beeindruckt vom Elementaren, Exemplarischen. Gratuliere.

Wo ich Mühe habe: Mit Dingen, die sich am Rande abspielen. War es richtig das Problem des Antisemitismus' mit jenem des Kleinstaats zu verbinden? Kleinstaaten auf der Bühne: Gut als Klima. Gefährlich, wenn ihnen ein Schicksal zugeschrieben wird, weil es sie zu einem Problem an sich werden lässt, das sie aus der Anonymität reisst, wie hier durch den Angriff der Schwarzen. Parallelen mit der Vergangenheit stellen sich notgedrungen ein, unabwendbar hier: Wie wäre es gekommen, wenn Deutschland die Schweiz angegriffen hätte? Eine interessante Frage aber provinziell, [da] nur für Schweizer gültig. Wo sich jedoch diese Parallelen nicht einstellen können, verliert das allgemeinere Problem an Deutlichkeit, weil es sich verkompliziert. Unbefriedigend finde ich den Ausgangspunkt der Story, das Stück stimmt, wo er keine Rolle spielt. Muss die Senora überhaupt auftauchen, ermordet werden? Hier verwischen sich die klaren Linien, das Stück wird unnötig schwierig. Wäre der Ausgangspunkt nicht am besten einfach, wie in alten Stücken, gleich am Anfang in einer Art von Prolog ein für allemal darzulegen, rasant zu erledigen. Zur Judenschau: Kommt hier die Theatersymbolik an die Realität heran? Es geht mir ein wenig, wie wenn plötzlich der Woyzeck als fertiges Stück gefunden worden wäre, die Form des scheinbar fragmentarischen wäre vielleicht für ›Andorra‹ die stärkste, dichterischste

26 Max Frisch an Friedrich Dürrenmatt, *Rom, 18. Dezember 1964]* T: Typoskript, 1 S., Briefkopf: max frisch, Roma, via Margutta 53b, Tel. 68 35 48. sla.

Tetta] Kurt Hirschfelds Witwe Tetta Hirschfeld geb. Scharff (*1928 als Tochter des Malers und Bildhauers Edwin Scharff, heiratete Hirschfeld 1951). Nach dem Tod ihres Mannes verbrachte sie mit ihrer Tochter Ruth wiederholt Tage in Neuchâtel.

Wyler] Veit Wyler (*1908), Zürcher Rechtsanwalt, befreundet mit Hirschfeld, Ginsberg, dann auch mit FD, der später einen Nachruf auf Wylers Frau Katja schrieb und 1983 die Geburtstagsrede *Über Veit Wyler und über Gründe*. Wyler war eine wichtige Bezugsperson im Zusammenhang mit FDs zunehmender Beschäftigung mit Israel.

Stadtrat Widmer] Dr. Sigmund Widmer, *1919, Mitglied der Zürcher Stadtregierung von 1954 bis 1966, als Vorsteher des Hochbauamts wohl deshalb mit der Sache befaßt, weil MF mit ihm bis zu den Unruhen 1968 (und MFs Engagement für das sogenannte ›Zürcher Manifest‹) ein freundliches Verhältnis pflegte. W. war von 1966–1982 Stadtpräsident von Zürich und als solcher mit seiner ›Präsidialabteilung‹ auch zuständig für Kultur, ex officio z.B. Mitglied des Verwaltungsrats der ›Neuen Schauspiel AG‹ (Schauspielhaus).

Nun ist auch Ginsberg gestorben] 3.12.64.

Umzug nach Berzona] 1965, Anmeldung in der Gemeinde am 15.5.1965 (an MFs 54. Geburtstag).

Kronenhalle] Renommiertes Restaurant am Zürcher Bellevue-Platz, im Besitz der Familie Zumsteg. Von Hulda Zumsteg (1890–1984) malte Varlin 1967 das Portrait, das noch heute im vorderen Saal des Lokals hängt.

26a *Max Frisch an Friedrich Dürrenmatt, o.O., o.D.]* T: Manuskript, 1 S., Briefkopf: MAX FRISCH, Berzona, Val Onsernone/Ticino, Svizzera 093 / 90120. SLA.

Lieber Fritz, hier meine neue Adresse – in der Hoffnung auf Wiedersehen: in Berzona. Herzlich dein Frisch

27 MAX FRISCH AN FRIEDRICH DÜRRENMATT, *o.O., 17. Dezember 1965]* T: Typoskript Durchschl., 1 S., MFA.

Das Stück] Der Meteor: UA 20.–23.1.1966. Geschrieben 1965, der Einfall, wie der zu *Die Physiker*, geht zurück auf einen Kuraufenthalt im Waldhaus Vulpera (*Turmbau*, FDWA, Bd. 29, S. 35f.).

Steckel] Leonard Steckel (1901–1971), Schauspieler, Regisseur, von 1933 bis 1953 am Schauspielhaus Zürich, Regisseur der UA von MFs *Die Chinesische Mauer* und *Graf Öderland*. Steckel spielte in der *Meteor*-Inszenierung von Leopold Lindtberg die Hauptrolle des Schwitter.

28 Max und Marianne Frisch an Friedrich und Lotti Dürrenmatt, *o.O. [Küsnacht], o.D. [10. Juli 1969]]* Manuskript [erste zwei Sätze von Marianne F., Rest von MF], Postkarte, 1 S., SLA.

Adresse: Herrn+Frau Dürrenmatt, Hotel Guardaval, Schuls (Scuol) Unterengadin.

das neue Paar kommt gerade aus dem National-Park] Die Frischs besuchten FD und Lotti während des Kuraufenthalts nach dem Herzinfarkt vom 8./9.4.1969 im Sommer. Auf der Vorderseite der Jubiläumspostkarte »40 Jahre Zoo Zürich« haben die Frischs in einer Collage einen Fotoausschnitt von sich zwischen die Tierfotos montiert.

infolge Verführung durch Kurgäste] Die Dürrenmatts.

29 Max Frisch an Friedrich Dürrenmatt, *Berzona, 19. Oktober 1969]* T: Typoskript, 4 S., MFA [allem Anschein nach also nicht abgeschickt].

deinen Auftritt] Am Nachmittag des 14. Oktobers betrat FD eine ordentliche Pressekonferenz der Basler Theater in Begleitung des Schauspielers Kurt Beck und von Rolf R. Bigler, dem Chefredaktor der Wochenzeitung ›Sonntags Journal‹, um zu begründen, weshalb er aus der Basler Theaterleitung ausgeschieden sei. Ein Jahr zuvor mit hoch gespannten Erwartungen angetreten, hatte er sich in die praktische Theaterarbeit gestürzt, zum Intendanten Werner Düggelin unterhielt er ein herzliches Verhältnis, seit der die Neubearbeitung seines Erstlings *Es steht geschrieben* inszenierte (*Die Wiedertäufer,* UA Zürich, 16.3.1967). Die »Ära Düggelin« wurde mit FDs *König Johann nach Shakespeare* eröffnet. In der Folge entstand, gewissermaßen auf den Proben, das Schauspielerstück *Play Strindberg*. Im Mai erlitt der im Basler Experiment (die Entwicklung eines Theaters von internationalem Rang unter den Bedingungen eines Stadttheaters) ungemein engagierte FD einen Herzinfarkt. In der Rekonvaleszenz zur Distanz gezwungen, durchschaute er die Unwägbarkeiten, Manöver, auch unvermeidlichen Intrigen des täglichen Theaterbetriebs nicht. Mehr und mehr fühlte er sich an den Rand gedrängt, der Alltag eines Dreispartenbetriebs war, dies der eigentliche Grund des Scheiterns, mit seinen Vorstellungen von einem Autorentheater nicht zu vereinen. MF verfolgte das Abenteuer anfangs mit Sympathie, sperrte aber im Juni 1969 für Düggelins Bühnen alle seine Stücke (aufgrund nicht eingehaltener Versprechen, *Biedermann* betreffend). Er widerrief das Verbot, als FD das Stück inszenieren wollte: beim Treffen der beiden im Unterengadin (Sommer 1969) war ein Wochenende auch der junge Basler Chefdramaturg Hermann Beil anwesend. Nach Verstimmungen um eine Fassung von *Titus Andronicus* (das Theater hielt an der des Regisseurs Hans Hollmann fest), Ärger über eine von Düggelin nicht realisierte FD-Bearbeitung von *Minna von Barnhelm* und Besetzungsschwierigkeiten für die geplante *Ehe des Herrn Mississippi,* alles potenziert durch den Versuch des Regisseurs und Schauspielers Kurt Beck (auf den FD setzte), die Macht am Haus zu übernehmen, scheiterte der Versuch im Eklat dieses Auftritts vor der Presse.

dein Artikel im SONNTAGS JOURNAL*]* *Mein Rücktritt von den Basler Theatern* (FDWA, Bd. 30, S. 155–161).

Werner Düggelin] *1929, Regisseur der UA von *Die Wiedertäufer* (16.3.1967, Schauspielhaus Zürich), Direktor der Basler Theater 1968–1975.

Kurt Beck] Kurt Beck (1926–1993), Schauspieler, Regisseur.

Bigler] Rolf R. Bigler, (1930–1978), Journalist, Autor des Buchs

Der einsame Soldat (Frauenfeld: Huber 1963), Chefredaktor der ›Weltwoche‹ bis 1967, Entlassung wegen der (in der Folge wieder zurückgezogenen) Ständeratskandidatur für die SP. Chefredaktor und mit Markus Kutter, Jean Rudolf von Salis und FD Mitherausgeber von ›Zürcher Woche/Sonntags Journal‹ von 1968 bis 1972. Verheiratet in zweiter Ehe mit der Schauspielerin Christiane Hörbiger.

Euer SONNTAGS-JOURNAL] Rolf R. Biglers Gründung einer als Konkurrenz zur ›Weltwoche‹ gedachten Wochenzeitung. S. o.

29a *Max Frisch an Hermann Beil, Küsnacht, 28. Oktober 1969]* T: Typoskript-Durchschlag, 1 S., SLA.

BASLER THEATER
Herrn Hermann Beil
Dramaturgie
Küsnacht, 28.10.69

Sehr geehrter Herr Beil, um Ihnen in Ihrer schwierigen Lage jede unnütze Arbeit zu ersparen, möchte ich Sie vor meiner Abreise doch wissen lassen, dass meine Verfügung vom Juni dieses Jahres (Sperrung meiner Stücke für das Basler Theater unter der Direktion von Werner Düggelin) wieder in Kraft ist; ich habe sie damals aufgehoben, um Friedrich Dürrenmatt zu beruhigen. Das hat sich inzwischen erübrigt. Diese Mitteilung heisst nicht im mindesten, dass ich mich mit den Selbstdarstellungen von Friedrich Dürrenmatt solidarisiere.

Ich grüsse Sie mit besten Wünschen Ihr
Max Frisch

Kopie an:
Suhrkamp-Verlag, Frankfurt
Friedrich Dürrenmatt, Neuenburg

Bereits 1971 war MF freilich mit einer szenischen Lesung von *Wilhelm Tell für die Schule* in der Basler ›Komödie‹ einverstanden. Noch kurz vor seinem Tod nahm er Anteil an einer Fassung, die Werner Düggelin aus der letzten Stück- und der Tagebuchfassung des *Öderland* für seine Inszenierung in Basel herstellte. Die Aufführung (Premiere am 19.9.1991) sah er nicht mehr.

29b *Max Frisch an Friedrich Dürrenmatt, Berzona, 8. September 1973]* T: Manuskript, 1 S., Briefkopf: MAX FRISCH, 6611 Berzona, Val Onsernone/Ticino, Svizzera, 093 / 85 11 20. SLA.

8.9.73
Lieber Fritz
auf diesen Dienstag also.
herzlichen Gruss
Max Frisch

Im Anhang eine Presserklärung von Eric A. Peschler, Präsident des Internationalen Schutzverbands deutschsprachiger Schriftsteller (ISDS), Sitz Zürich, betr. eine Solidaritätserklärung für Alexander Solschenizyn.
Die beiden haben die Erklärung unterzeichnet, wie 13 Jahre früher einen Aufruf in Sachen Algerienkrieg. Wenn das von MF bestätigte Treffen stattgefunden hat, irrt FD in *Vallon de l'Ermitage* mit dem Satz: »Nach diesem Abend [in Schuls, Sommer 1969] sollte ich Frisch acht Jahre nicht mehr sehen« (*Versuche*, FDWA, Bd. 36, S. 47).

30 MAX FRISCH AN FRIEDRICH DÜRRENMATT, *Küsnacht, Oktober 1978]* T: Manuskript, 2 S., Briefkopf: MAX FRISCH, CH-8700 Küsnacht, Birkenweg 8, Tel. 01 / 90 16 14. SLA.

Dank für Dein Buch] Dürrenmatt, *Bilder und Zeichnungen*. Zürich: Diogenes 1978, oder das von Arnold erwähnte *Dürrenmatt Lesebuch*.

Abend in der Kronenhalle] Am 28.9.78 war Vernissage einer Ausstellung von FDs Bildern und Zeichnungen in der Galerie seines späteren Verlegers Daniel Keel und dessen Frau Anna. Heinz Ludwig Arnold im *Nachtrag 1998* zu seinem Vortrag *Max Frisch und Friedrich Dürrenmatt* in *Querfahrt mit Dürrenmatt* (Zürich: Diogenes 1998, S. 74f.): »Nach der Vernissage gingen wir in die ›Kronenhalle‹, FD und Peter Schifferli, Anna und Daniel Keel, Walter Vogt, vielleicht auch Hugo Loetscher, und noch ein paar andere; etwas später kam auch Frisch nach. Schifferli brachte die ersten beiden druckfrischen Exemplare des *Dürrenmatt Lesebuchs* mit, das ich zusammengestellt hatte, darin zum ersten Male die neue Fassung der *Tunnel*-Erzählung, ohne den letzten Satz. In ein Buch schrieb FD eine Widmung an Max Frisch: ›Meinem alten Kumpan Max ...‹ – so ungefähr. / Ein lustiger Abend, an dem viel getrunken wurde. Gegen zehn Uhr verschwand Frisch, der wenig redete, ziemlich unauffällig. [Anna Keel erinnert sich, ihn nach Hause gefahren zu haben.] Um so auffälliger, wie er gegen Mitternacht zurückkam, schwankend und laut. Er knallte FD das gewidmete Buch auf den Tisch: Diese Widmung sei eine Zumutung und Unverschämtheit, er, Frisch, habe eben mit seinem Anwalt telefoniert, das Wort ›Kumpan‹ sei ein Schimpfwort für Verbrecher – er sei kein Verbrecher, das habe er nicht verdient. Und trat ab. / FD, der mir gegenübersaß, und ich schauten uns betroffen an, von den wenigen, die noch da waren aus der anfänglichen Runde, fand so schnell niemand ein Wort zu diesem Auftritt. Irgendwie ging das Gespräch dann weiter, das Frisch abgebrochen hatte, und während des ganzen restlichen Abends malte FD versunken, nur hin und wieder noch ein bißchen mitredend, alle leeren Seiten des Buches voll, das ihm so harsch zurückgegeben worden war.«

31 Max und Marianne Frisch an Friedrich und Lotti Dürrenmatt, *Venedig, 27. Dezember 1979]* T: Manuskript, Postkarte, 1 S., SLA.

die Fritz-Löwen] Die Löwen vor dem Arsenal, s. *Dramaturgie der Vorstellungskraft*, in *Gedankenfuge*, FDWA, Bd. 37, S. 92f.)
in dem besagten Restaurant] ›La Colomba‹.
Fotograf] Bezieht sich auf den Schnappschuß eines im Lokal bzw. auf dessen Terrasse tätigen Straßenfotografen, s. S. 136 dieser Ausgabe.
E. Petrich] Eckart Peterich, Verfasser außerordentlich erfolgreicher kunsthistorischer Italien-Führer, zum Zeitpunkt dieser Reise schon gestorben. Sein Venedig-Führer, den 1967 beide Paare mitführten, war Gegenstand mancher Scherze.

32 MAX FRISCH AN FRIEDRICH DÜRRENMATT, *Berzona, 15. September 1980]* T: Typoskript, 1 S., SLA.

In der Anlage: Brief der Max Frisch Stiftung gleichen Datums, mit der Bitte um Schenkung oder leihweise Überlassung von Briefen oder Manuskripten MFs. »Im Namen des Stiftungsrats« der Max Frisch Stiftung, »die im Oktober 1979 errichtet worden ist«, unterschrieben von Peter Bichsel und Peter von Matt.

33 FRIEDRICH DÜRRENMATT AN MAX FRISCH, *Neuchâtel, 11. Mai 1986]* T: Manuskript, 1 S., MFA.

Brief zu MFs 75. Geburtstag. In mehreren Anläufen entworfen, abgeschrieben von der Sekretärin und endlich in einer handschriftlichen Fassung abgeschickt. Auf diesen letzten Brief antwortete MF nicht mehr. FD zu Sven Michaelsen 1990 (FDG, Bd. 4, S. 193): »Ich habe ihm geschrieben, aber er antwortet nicht einmal.«

33a *Marianne Frisch an Fritz und Lotti Dürrenmatt, o.O., o.D.]* T: Manuskript, Postkarte [Marianne Frisch], SLA.

Liebe Lotti, lieber Fritz, hier ist die angekündigte Platte; soweit sind wir schon gekommen wie auch das umseitige Originalfoto zeigt. Herzliche Grüsse und gute Gesundheit Euch allen von Marianne + Max

das umseitige Originalfoto] Ein bekleideter Affe, der mit einem Reisbesen in den Händen auf einer mit ATOM beschrifteten Weltkugel steht. Das auf Postkarten wiederkehrende Affenmotiv bezieht sich auf das populärwissenschaftliche Werk *Der nackte Affe* von Desmond Morris, das wiederholt Gesprächsthema zwischen MF und FD war.

die angekündigte Platte] nach der Erinnerung von Marianne Frisch: *Switched-On Bach,* Trans Electronic Music Productions, CBS 1968. (»Lotti und Fritz hatten dies gehört in Berzona, und Lotti, die Cembalistin, war empört.«) Daß das in Zusammenhang stehen könnte mit den populären Jazz-Travestien, welche der Pianist Jacques Loussier über Themen von Bach spielte, und also dem Titel von Dürrenmatts Stück (»Play Bach«, darauf bezieht sich *Play Strindberg*), bleibt Spekulation, ist aber nicht unwahrscheinlich. Nach 1968 gab es keine Besuche FDs mehr in Berzona. Premiere von *Play Strindberg* war am 8.2.1969 in der Basler ›Komödie‹.

Chronik zu Leben und Werk

Max Frisch		Friedrich Dürrenmatt
	1911	
15. Mai: Geboren in Zürich. Eltern: Franz Bruno Frisch, Baumeister und Architekt (Selbststudium) in Zürich, und Karolina Bettina Frisch, geb. Wildermuth. Großvater väterlicherseits: Franz Frisch, aus Niederösterreich, ließ sich 1870 als Sattler in Zürich nieder. Großvater mütterlicherseits: Dekorationsmaler, später Direktor der Kunstgewerbeschule Zürich. Geschwister Max Frischs: Emma Elisabeth (geb. 1899) aus erster Ehe des Vaters, Franz (geb. 1903).		
	1921	
		5. Januar: Geboren in Konolfingen im Emmental (Kanton Bern). Eltern: Reinhold Dürrenmatt, protestantischer Pfarrer, und Ehefrau Hulda Dürrenmatt, geb. Zimmermann. Großvater: Ulrich Dürrenmatt, Berner Nationalrat, Redaktor einer Zeitung, Verfasser satirischer Gedichte.

1924

Frühjahr: Eintritt in das Kantonale Realgymnasium. Finanzielle Schwierigkeiten der Eltern: Nach dem Ersten Weltkrieg erhält der Vater kaum noch Bauaufträge und arbeitet als Grundstücksmakler. Jugendlektüren: ›Onkel Toms Hütte‹, ›Don Quijote‹.

1927

Prägende Theatererlebnisse am Schauspielhaus Zürich: vor allem Schillers ›Die Räuber‹. Erstes Drama: *Stahl* (nicht erhalten). Freiwilliger militärischer Vorunterricht. Freundschaft mit Werner Coninx, Sohn der wohlhabenden Besitzerfamilie des Zürcher ›Tages-Anzeigers‹.

1928

Bis 1935 Schulen in Konolfingen und Großhöchstetten.

1930

Matura und im Herbst Beginn eines Germanistikstudiums an der Universität Zürich bei den Professoren Emil Ermatinger und Robert Faesi sowie beim damaligen Privatdozenten Walter Muschg.

1931

Mimische Partitur? Erste Veröffentlichung im Feuilleton der ›Neuen Zürcher Zeitung‹. Rekrutenschule in Thun. Schlägt Beförderung zum Unteroffizier aus.

1932

29. März: Unerwarteter Tod des Vaters. Aus Geldgründen Abbruch der regelmäßigen Studien. April: *Was bin ich?* Artikel im ›Zürcher Student‹, der erste wichtige Prosatext. Freier Mitarbeiter bei der ›Neuen Zürcher Zeitung‹ und weiteren Zeitungen und Zeitschriften (u. a. ›Tages-Anzeiger‹, ›Basler Nachrichten‹, ›Basler Nationalzeitung‹, ›Zürcher Illustrierte‹).

1933

Februar: als Sportreporter an der Eishockey-WM in Prag. Bis Oktober: Reisen durch Ost- und Südosteuropa, die durch Reisefeuilletons finanziert werden.

1934

Beginn der Freundschaft mit Käte Rubensohn, die als Jüdin in Berlin nicht mehr studieren kann. Erste Buchveröffentlichung in der Deutschen Verlags-Anstalt, Stuttgart: *Jürg Reinhart. Eine sommerliche Schicksalsfahrt.*

1935

April und Dezember: Erste Reisen nach Deutschland, zusammen mit Käte Rubensohn. Unmittelbare Konfrontation mit dem Nationalsozialismus und insbesondere dem Antisemitismus.

Umzug der Familie nach Bern, wo der Vater Pfarrer am Diakonissenhaus wird. Zweieinhalb Jahre Freies Gymnasium, dann Privatgymnasium Humboldtianum.

1936

Beginn eines Architekturstudiums an der Eidgenössischen Technischen Hochschule Zürich, ermöglicht durch ein Darlehen, das ihm sein Jugendfreund Werner Coninx gewährt.

1937

Herbst: Abermals in der regimegenehmen Deutschen Verlags-Anstalt erscheint das Buch *Antwort aus der Stille. Eine Erzählung aus den Bergen*. Heimliches Gelübde, nicht mehr zu schreiben, und Verbrennung eigener Manuskripte auf dem Zürichberg.

1938

Ende der Beziehung mit Käte Rubensohn. Zuwendung der Conrad Ferdinand Meyer-Stiftung.

1939

Mit Kriegsbeginn aktiver Dienst als Kanonier. Bis 1945 leistet Max Frisch 650 Diensttage.

1940

Blätter aus dem Brotsack. Dieses Tagebuch eines Soldaten erscheint in Martin Hürlimanns Atlantis-Verlag in Zürich. Im August Diplom als Architekt.

1941

Beginn der Freundschaft mit der ehemaligen Studienkollegin Gertrud (Trudy) Constance von Meyenburg, Tochter aus großbürgerlicher Familie. Anstellungen in Architekturbüros, unter anderem bei seinem ehemaligen Professor William Dunkel. Erste eigene Wohnung in Zürich, getrennt von der Mutter. Erster selbständiger Bau eines Einfamilienhauses für seinen Bruder Franz in Arlesheim/Basel.

Matura; Beginn des Studiums: 1941/42 in Bern Deutsche Literatur und Kunstgeschichte, 1942/43 in Zürich Deutsche Literatur und Philosophie, 1943–45 in Bern Philosophie. Studiert vor allem Kant, Aristoteles, Plato, Kierkegaard. Liest die griechischen Tragiker, Aristophanes, Shakespeare, Lessing und Wieland, die deutschen Klassiker und Romantiker, später Kafka, Jünger, Wedekind. Beginn der Arbeit an seinem dramatischen Erstling *Der Knopf* (ungespielt; 1943 u. d. T. *Komödie* vollendet (erscheint erst als *Untergang und neues Leben* in der Werkausgabe 1980).

1942

30. Juli: Heirat mit Trudy von Meyenburg.

Weihnachten: erste abgeschlossene literarische Arbeit: *Weihnacht.*

1943

9. Juni: Geburt der Tochter Ursula. Erster Preis im Architekturwettbewerb für den Bau des städti-

Weitere Prosa: *Der Folterknecht, Die Wurst, Der Sohn* (Erzählungen).

schen Freibads Letzigraben in Zürich (insgesamt 82 Bewerber). Gründung eines eigenen Büros.

Freundschaft mit der Walliser Malerin Christiane Zufferey. Gelbsucht.

1944

Im Atlantis-Verlag erscheint der Roman *J'adore ce qui me brûle oder Die Schwierigen.*
25. November: Geburt des Sohnes Hans Peter.
Auf Anregung von Kurt Hirschfeld, Dramaturg am Zürcher Schauspielhaus, wendet sich Max Frisch dem Stückeschreiben zu. Die Romanze *Santa Cruz* entsteht in wenigen Wochen.

1945

Nun singen sie wieder wird als erstes Frisch-Stück am Schauspielhaus Zürich uraufgeführt (29. März, Regie Kurt Horwitz). Heftige Kontroverse mit dem ›NZZ‹-Inlandredaktor Ernst Bieri, der Frisch als Nazi-Fürsprecher diffamiert. Im Atlantis-Verlag erscheint der Prosatext *Bin oder Die Reise nach Peking*. Dramenpreis der Welti-Stiftung für *Santa Cruz*.

Erste Publikation: *Der Alte* (Erzählung) in der Berner Tageszeitung ›Der Bund‹.
Juli: Beginn der Arbeit am Drama *Es steht geschrieben.* Erzählungen: *Das Bild des Sisyphos, Der Theaterdirektor.* Trennung von Christiane.

1946

Reisen nach Deutschland und Italien. Uraufführung von *Santa Cruz* (7. März, Regie Heinz Hilpert) und *Die Chinesische Mauer*

11. Oktober: Heirat mit der Schauspielerin Lotti Geissler. *Es steht geschrieben* beendet. Hörspiel *Der Doppelgänger* (von Radio Bern ab-

(10. Oktober, Regie Leonard Steckel).

gelehnt). Oktober: Umzug nach Basel. Erzählungen: *Die Falle*, *Pilatus*.

1947

Baubeginn des Schwimmbads Letzigraben. Erneut Reisen nach Deutschland und Italien sowie nach Prag. Das *Tagebuch mit Marion* erscheint (Atlantis). Bekanntschaft mit Friedrich Dürrenmatt, Bertolt Brecht und Peter Suhrkamp.

19. April: Uraufführung *Es steht geschrieben* im Schauspielhaus Zürich (Regie Kurt Horwitz). 6. August: Geburt des Sohnes Peter. Arbeit am Drama *Der Blinde* und an der Erzählung *Die Stadt*. Theaterkritiken für die Berner Zeitung ›Die Nation‹. Bekanntschaft mit Walter Muschg, Max Frisch, Markus Kutter, Hans und Peter Noll.

1948

Max Frisch hält sich oft in Deutschland auf. Außerdem Reisen nach Wien, Prag, Paris und im August nach Wrocław (Congrès mondial des intellectuels pour la paix) sowie Warschau. Bekanntschaft mit der deutschen Schauspielerin Helga Roloff.

10. Januar: Uraufführung *Der Blinde* im Stadttheater Basel (Regie Ernst Ginsberg). Umzug nach Ligerz am Bielersee. Arbeit an der Komödie *Der Turmbau zu Babel*, die nach vier Akten aufgegeben und in einer Fassung vernichtet wird. Arbeit an der Komödie *Romulus der Große*. Mehrere Sketchs für das ›Cabaret Cornichon‹.

1949

Uraufführung von *Als der Krieg zu Ende war* am Schauspielhaus Zürich (8. Januar, Regie Kurt Horwitz). 17. Mai: Geburt der Tochter Charlotte.

25. April: Uraufführung *Romulus der Große* im Stadttheater Basel (Regie Ernst Ginsberg). 19. September: Geburt der Tochter Barbara. 16. Oktober: Erste Dürrenmatt-

Eröffnung des Freibads Letzigraben. Essay *Kultur als Alibi.* Juli/August in Kampen auf Sylt, im Oktober in Südfrankreich.

Aufführung in Deutschland (*Romulus der Große* in Göttingen). Beginn der Arbeit an der Komödie *Die Ehe des Herrn Mississippi.*

1950

Das *Tagebuch 1946–1949* erscheint im neu gegründeten Suhrkamp Verlag. Beginn der Freundschaft mit Madeleine Besson. Im Herbst erste Spanienreise.

Schreibt in Fortsetzungen seinen (schon im Winter 1948/49 begonnenen) ersten Kriminalroman *Der Richter und sein Henker* für die Zeitschrift ›Der Schweizerische Beobachter‹. Diabetes-Diagnose.

1951

Uraufführung der Moritat *Graf Öderland* am Zürcher Schauspielhaus (10. Februar, Regie Leonard Steckel). Einjähriger Aufenthalt als Stipendiat der Rockefeller-Stiftung in den USA (New York, Chicago, San Francisco, Los Angeles). Reise nach Mexiko. Arbeit an Vorstufen von *Stiller* und *Don Juan.*

Zweiter Kriminalroman *Der Verdacht*, ebenfalls für den ›Schweizerischen Beobachter‹. Hörspiel *Der Prozeß um des Esels Schatten.* Erzählung *Der Hund.* Theaterkritiken für die Zürcher ›Weltwoche‹ (bis 1953). 6. Oktober: Geburt der Tochter Ruth.
Hörspiel: *Nächtliches Gespräch mit einem verachteten Menschen.*

1952

Frisch hält sich bis zu seiner Rückreise am 18. April vor allem in New York auf. Reflexionen über das amerikanische Theater. Ferner Essay *Unsere Arroganz gegenüber Amerika.* Werkjahrbeitrag der Stadt Zürich. Pläne für eine Literaturzeitschrift, gemeinsam mit Friedrich Dürrenmatt.

26. März: Uraufführung *Die Ehe des Herrn Mississippi* in den Münchner Kammerspielen (Regie Hans Schweikart). Durchbruch auf deutschen Bühnen. Erste Dürrenmatt-Aufführung außerhalb des deutschen Sprachraums: *Les Fous de Dieu* in Paris. Neun Prosastükke erscheinen unter dem Titel *Die*

Stadt im Verlag der Arche, Zürich, in dem bis 1980 die meisten seiner Werke erscheinen. Erzählung *Der Tunnel.* Hörspiel: *Stranitzky und der Nationalheld.* Umzug ins eigene Haus nach Neuchâtel.

1953

Der Bayerische Rundfunk sendet die Hörspiele *Herr Biedermann und die Brandstifter* (26. März) und *Rip van Winkle* (16. Juni). 5. Mai: Uraufführung von *Don Juan oder Die Liebe zur Geometrie* gleichzeitig in Berlin (Schiller-Theater, Regie Hans Schalla) und Zürich (Regie Oskar Wälterlin). Vortrag *Cum grano salis* vor Zürcher Architekten. Max Frisch meldet sich als Kritiker des Städtebaus zu Wort.

Erzählung *Mister X macht Ferien.* Niederschrift der (z. T. aus der 1948 verbrannten Komödie *Der Turmbau* hervorgegangenen) Komödie *Ein Engel kommt nach Babylon* und (am 22. Dezember) Uraufführung in den Münchner Kammerspielen (Regie Hans Schweikart). Der »Theaterniederlage« folgt eine Krise.

1954

Stiller erscheint. Max Frisch verläßt seine Familie.

Literaturpreis der Stadt Bern für *Ein Engel kommt nach Babylon.* Arbeit an den Hörspielen *Herkules und der Stall des Augias* und *Das Unternehmen der Wega.* Theoretische Arbeit *Theaterprobleme* (Komödientheorie). Inszeniert im Stadttheater Bern *Die Ehe des Herrn Mississippi* – seine erste Erfahrung als Regisseur. Beginn der Arbeit an der Prosakomödie *Grieche sucht Griechin.*

1955

Wohnung in Männedorf am Zürichsee. Verkauf des Architekturbüros. Die zusammen mit Lucius Burckhardt und Markus Kutter erarbeitete Schrift *achtung: Die Schweiz* erscheint. Wilhelm-Raabe-Preis der Stadt Braunschweig, Schiller-Preis der Schweizerischen Schillerstiftung, Schleussner-Schueller-Preis des Hessischen Rundfunks für das Hörspiel *Der Laie und die Architektur*. Zweite Fassung der *Chinesischen Mauer* (Erstaufführung am 28. Oktober 1955 im Theater am Kurfürstendamm, Regie Oscar Fritz Schuh). Letzter Besuch bei Brecht in Ostberlin. Erste Begegnung mit Günter Grass in Zürich.

Arbeit an der Komödie *Der Besuch der alten Dame* und im August an der Erzählung *Die Panne*, Ende 1955 (im Auftrag des Bayerischen Rundfunks) an deren Hörspielfassung (1957 Umarbeitung zum Fernsehspiel, 1979 zur Komödie).

1956

Teilnahme an der International Design Conference in Aspen (Colorado), zusammen mit dem Grafiker und Künstler Josef Müller-Brockmann. Weiterreise nach Mexiko und Kuba.

29. Januar: Uraufführung *Der Besuch der alten Dame* im Schauspielhaus Zürich (Regie Oskar Wälterlin). November: Inszeniert *Der Besuch der alten Dame* in Basel. Hörspiel: *Abendstunde im Spätherbst.* Neufassung *Die Ehe des Herrn Mississippi.* Vortrag *Vom Sinn der Dichtung in unserer Zeit.*

1957

Mai: Griechenlandreise mit Madeleine Seigner-Besson. *Festrede* zum

Hörspielpreis der Kriegsblinden für *Die Panne.* Drehbuch zum

Schweizer Nationalfeiertag am 1. August. Im Herbst erscheint *Homo faber*. Reise nach Bagdad.

Fernsehfilm *Der Richter und sein Henker*. Filmerzählung und Drehbuch zum Film *Es geschah am hellichten Tag* (Regie Ladislao Vajda). Neufassungen der Stücke *Ein Engel kommt nach Babylon* und *Romulus der Große*. Erstaufführung *Der Besuch der alten Dame* in Paris.

1958

März: Uraufführung von *Biedermann und die Brandstifter. Ein Lehrstück ohne Lehre* am Schauspielhaus Zürich, zusammen mit dem Schwank *Die große Wut des Philipp Hotz* (Regie Oskar Wälterlin). Bekanntschaft mit Ingeborg Bachmann. Georg-Büchner-Preis der Deutschen Akademie für Sprache und Dichtung, für den sich Max Frisch mit der Rede *Emigranten* bedankt. Literaturpreis der Stadt Zürich. Prix Charles Veillon für *Homo faber*.

Prix Italia für *Abendstunde im Spätherbst*. Literaturpreis der ›Tribune de Lausanne‹ für die Erzählung *Die Panne.* Arbeit (mit dem Schweizer Komponisten Paul Burkhard) an der ›Oper einer Privatbank‹ *Frank der Fünfte*. Erstaufführung des Films *Es geschah am hellichten Tag* an den Berliner Filmfestspielen. Weiterentwicklung des Stoffs (Gegenentwurf) im Roman *Das Versprechen*. Erstaufführungen *Der Besuch der alten Dame* in New York (*The Visit*, Regie Peter Brook), und in Warschau, Krakau, Aarhus, Kopenhagen, Oslo. Kuraufenthalt in Vulpera.

1959

Nachspiel zu *Biedermann und die Brandstifter*.
Scheidung der Ehe mit Trudy Frisch-von Meyenburg. Schwere

19. März: Uraufführung *Frank der Fünfte* im Schauspielhaus Zürich (Regie Oskar Wälterlin). Preis der New Yorker Theaterkritiker für

Hepatitis-Erkrankung. Essay über *Peter Suhrkamp.*

Der Besuch der alten Dame. April/Mai: Reise nach New York. 9. November: Schillerpreis in Mannheim: Vortrag: *Friedrich Schiller.* November: Inszeniert im Berner Atelier-Theater seine Kammerspielfassung von *Der Besuch der alten Dame.* Erstaufführungen: *Ein Engel kommt nach Babylon* in Stockholm; *Der Besuch der alten Dame* in Prag, London, Madrid, Lissabon, Jerusalem.

1960

Kurze Reise nach New York. Wohnsitz in Rom, wo Max Frisch, zunächst zusammen mit Ingeborg Bachmann, bis 1965 lebt. Aufsatz *Die Schweiz ist ein Land ohne Utopie.*

Reise nach London. Januar: Erstaufführung in Mailand: *La Visita della Vecchia Signora* (Regie Giorgio Strehler). November: Erstaufführung *Die Ehe des Herrn Mississippi* in Paris (Regie Georges Vitaly). 4. Dezember: Großer Preis der Schweizerischen Schillerstiftung. Drehbuch zum Film *Die Ehe des Herrn Mississippi* (Regie Kurt Hoffmann). Neuer Schluß für die Münchner Aufführung von *Frank der Fünfte.*

1961

Zum 50. Geburtstag Griechenlandreise mit Ingeborg Bachmann. 2. November: Uraufführung von *Andorra* am Schauspielhaus Zürich (Regie Kurt Hirschfeld).

Reise nach Berlin. Niederschrift der Komödie *Die Physiker.* Erstaufführung des Films *Die Ehe des Herrn Mississippi.*

1962

Großer Kunstpreis der Stadt Düsseldorf; Preis der jungen Generation; Ehrendoktor der Universität Marburg. Bekanntschaft mit Uwe Johnson. Max Frisch lernt die Studentin Marianne Oellers (geb. 1939) kennen, mit der er in den folgenden Jahren zusammenlebt.

21. Februar: Uraufführung *Die Physiker* im Schauspielhaus Zürich (Regie Kurt Horwitz). Entwickelt aus dem Hörspiel *Herkules und der Stall des Augias* die Komödie. Erstaufführungen *Die Physiker* in Santiago, Mexico-City, Lima.

1963

20. März: Uraufführung der Komödie *Herkules und der Stall des Augias* im Schauspielhaus Zürich (Regie Leonard Steckel). *Die Heimat im Plakat,* ein Band mit satirischen Zeichnungen über die Schweiz. Erstaufführungen *Die Physiker* in London (Regie Peter Brook) und in Amsterdam, Helsinki, Stockholm, Oslo, Palermo, Ljubliana, Warschau, Israel, Buenos Aires.

1964

Der Roman *Mein Name sei Gantenbein* erscheint. Kauf und Umbau eines Hauses in Berzona (Tessin). Aufsatz *Ich schreibe für Leser.* Vortrag *Der Autor und das Theater. Rede zum Tod von Kurt Hirschfeld.*

Ferien auf Teneriffa: Erste Ansätze zum Projekt der *Stoffe* (einer ›Geschichte meiner Schriftstellerei‹); erster abgeschlossener Text: *Dokument.* April: Erstaufführung *Romulus der Große* in Paris (Regie Georges Wilson). Juni: Reise in die UdSSR. Beginn der Niederschrift der Komödie *Der Meteor.* Erstaufführung des Films *Der Besuch*

(Originaltitel *The Visit*) in Deutschland (Regie Bernhard Wicki). Erstaufführung *Die Physiker* in New York. Rede zum Tod von Kurt Hirschfeld.

1965

April: Literaturpreis der Stadt Jerusalem. Max Frischs Ansprache ist die erste offizielle deutschsprachige Rede in Israel.
Eine ihm von den Sozialdemokraten angetragene Kandidatur für das Amt des Zürcher Stadtpräsidenten lehnt Frisch trotz seiner Sympathien für die Partei ab. Er war nie Mitglied einer politischen Partei.
Übersiedlung nach Berzona.
Aufenthalt in Berlin dank eines Stipendiums der Ford Foundation.
Mitarbeit am Filmprojekt *Zürich-Transit* (nach einer Episode aus dem *Gantenbein*-Roman). Schiller-Gedächtnispreis des Landes Baden-Württemberg. Aufsatz: *Unbewältigte schweizerische Vergangenheit.*

Rede zum Tod von Ernst Ginsberg. Fortsetzung der Arbeit am *Meteor*.

1966

Erste Reise in die Sowjetunion (Moskau, Leningrad, Odessa). Rückreise über Warschau. Tod der Mutter. *Zürich-Transit. Skizze eines Films.* Vorwort zum Buch *Siamo italiani. Gespräche mit italieni-*

20. Januar: Uraufführung *Der Meteor* am Schauspielhaus Zürich (Regie Leopold Lindtberg). Fernsehfassung von *Frank dem Fünften*, führt im Studio Hamburg Regie. *Es steht geschrieben* erhält

schen Gastarbeitern von Alexander J. Seiler. Rede vor Fremdenpolizeichefs in Luzern: *Überfremdung.* Veröffentlichung der gesammelten *Erinnerungen an Brecht.* »Zürcher Literaturstreit«: maßgeblich ausgelöst durch Frischs Erwiderung auf Emil Staigers Rede ›Literatur und Öffentlichkeit‹.

seine Komödienfassung unter dem Titel *Die Wiedertäufer. Theater-Schriften und Reden* erscheinen. Erstaufführung des Films *Grieche sucht Griechin* in Deutschland (Regie Rolf Thiele). Erstaufführung *Der Meteor* in London und Buenos Aires.

1967

Biografie: Ein Spiel entsteht (Uraufführung in Zürich: 1. Februar 1968, Regie Leopold Lindtberg). Als Gast des tschechoslowakischen Schriftstellerverbandes in Prag. Öffentliche Stellungnahme zum Militärputsch in Griechenland: *Griechenland 1967 (unter anderem) und wir.* Essaysammlung *Öffentlichkeit als Partner.*

16. Februar: Erstsendung des Films *Frank der Fünfte* im NDR. 16. März: Uraufführung *Die Wiedertäufer* im Schauspielhaus Zürich (Regie Werner Düggelin). Mai: Reise zum 4. sowjetischen Schriftstellerkongreß in Moskau. Vortrag *Israels Lebensrecht* (17. Juni im Zürcher Schauspielhaus). Essay *Persönliches über Sprache.* Erstaufführung *Die Wiedertäufer* in Warschau.

1968

Heirat mit Marianne Oellers. Zweite, überarbeitete Fassung von *Biografie: Ein Spiel.* Zweite Reise in die Sowjetunion: Teilnahme am Schriftsteller-Kongreß in Gorki. Bekanntschaft mit Christa Wolf. Diverse publizistische Stellungnahmen zu politischen Ereignissen: Zürcher Studentenunruhen, amerikanische Invasion in

Januar: *Monstervortrag über Gerechtigkeit und Recht* vor Studenten in Mainz. Beginn der Niederschrift des Stücks *Porträt eines Planeten* (erstes Konzept 1955). 8. September: Rede *Tschechoslowakei 1968* (Matinee im Basler Stadttheater). Beginn der Theaterarbeit in Basel mit Düggelin. 18. September: Uraufführung *König*

Vietnam, Ermordung von Martin Luther King, Besetzung der Tschechoslowakei.

Johann (nach Shakespeare) im Stadttheater Basel (Regie Werner Düggelin). Erstaufführung *Die Wiedertäufer* in Prag. Grillparzer-Preis der Österreichischen Akademie der Wissenschaften. Essay *Zur Dramaturgie der Schweiz.*

1969

Reise nach Japan. *Dramaturgisches,* ein Briefwechsel mit Walter Höllerer. *Nachwort* zu Andrej D. Sacharows Memorandum ›Wie ich mir die Zukunft vorstelle‹.

8. Februar: Uraufführung *Play Strindberg* in der Basler Komödie (Regie Friedrich Dürrenmatt/Erich Holliger). April: Herzinfarkt und anschließender Kuraufenthalt in Vulpera. Dürrenmatt wendet sich im Oktober enttäuscht vom ›Basler Experiment‹ ab. 25. Oktober: Großer Literaturpreis des Kantons Bern. November: Ehrendoktor der Temple University, Philadelphia. November (bis Januar 1970): Reise nach Philadelphia, Florida, zu den Maya-Ausgrabungsstätten in Yukatan, den Karibischen Inseln, nach Jamaika, Puerto Rico, New York. Erster Entwurf zum Kriminalroman *Der Pensionierte* (erst 1995 postum als Fragment erschienen). Zeichnet als Mitherausgeber (bis 1971) der neuen Zürcher Wochenzeitung ›Sonntags-Journal‹. Arbeit am Essay *Sätze aus Amerika.* Beginn der intensiven Beschäftigung mit den *Stoffen* (bis 1990).

1970

Mai: Reise in die USA. Besuch im Weißen Haus gemeinsam mit Suhrkamp-Verleger Siegfried Unseld.
Austritt aus dem Schweizerischen Schriftsteller-Verband; Gründung der ›Gruppe Olten‹.

22. Oktober: *Urfaust* im Schauspielhaus Zürich (Regie Friedrich Dürrenmatt). 10. November: Uraufführung *Porträt eines Planeten* im Schauspielhaus Düsseldorf (Regie Erwin Axer). 12. Dezember: Uraufführung *Titus Andronicus* im Schauspielhaus Düsseldorf (Regie Karl-Heinz Stroux). Der Essay *Sätze aus Amerika* erscheint.

1971

Februar bis Mai: Aufenthalt in New York. Vorlesungen an der Columbia University über *Problems of style and expression. Wilhelm Tell für die Schule*. Der ursprünglich für das *Tagebuch 1966–1971* geschriebene Text provoziert in der Schweiz heftige Reaktionen. Vorwort zum Wahl-Manifest der Sozialdemokratischen Partei der Schweiz.

Die Erzählung *Der Sturz* erscheint. Dürrenmatt inszeniert eine Neufassung von *Porträt eines Planeten* im Schauspielhaus Zürich (Premiere 25. März). 23. Mai: Uraufführung der Oper *Der Besuch der alten Dame* von Gottfried von Einem nach einem Libretto des Autors in der Wiener Staatsoper. Arbeit an der Komödie *Der Mitmacher*.

1972

Tagebuch 1966–1971. Wohnung in Berlin. Erste Entwürfe zum Spätwerk *Der Mensch erscheint im Holozän*. Winter: Aufenthalt in New York.

Inszeniert in Zürich Büchners *Woyzeck* (Premiere 17. Februar). Lehnt Berufung zum Direktor des Zürcher Schauspielhauses ab. Italienische Verfilmung der *Panne* unter dem Titel *La più bella serata della mia vita* (Regie Ettore Scola). Erstaufführungen: *Die Physiker* in Vancouver. *Herkules und der Stall des Augias* in Paris und London. *Porträt eines Planeten* in Yokohama.

1973

Die Beziehung zu Marianne gerät in eine schwere Krise. Im gleichen Jahr stirbt Ingeborg Bachmann in Rom. Frisch schreibt das *Berliner Journal*, das mit Ausnahme von Uwe Johnson niemand zu lesen bekommt; es ist bis 2011 gesperrt.

Inszeniert *Die Physiker* für das ›Schweizer Tournee-Theater‹ (Premiere 8. Januar).
8. März: Uraufführung *Der Mitmacher* im Schauspielhaus Zürich (Regie Andrzej Wajda). Inszeniert, kaum erfolgreicher, *Der Mitmacher*, 2. Fassung, in Mannheim (Premiere 31. Oktober). Beginn der Arbeit am *Nachwort* zu *Der Mitmacher*. Arbeit an den *Stoffen*.

1974

Dienstbüchlein. Großer Schillerpreis der Schweizerischen Schillerstiftung; Dankrede *Die Schweiz als Heimat?*
USA-Aufenthalt. Ehrenmitglied der ›Academy of Arts and Letters‹ und des ›National Institute of Arts and Letters‹. Bekanntschaft mit Alice Locke-Carey (geb. 1943).

Reise nach Israel, Ehrenmitgliedschaft der Ben-Gurion-Universität, Beerschewa: bedankt sich mit der Rede *Zusammenhänge* (überarbeitet und erweitert bis 1975, erscheint 1976). Inszeniert Lessings *Emilia Galotti* am Schauspielhaus Zürich (Premiere 5. Juni).

1975

Montauk. Eine Erzählung. Auf Einladung von Bundeskanzler Helmut Schmidt mit dessen Delegation in China. Zum 25jährigen Bestehen des Suhrkamp Verlags erscheint *Max Frisch, Stichworte. Ausgesucht von Uwe Johnson.*

Arbeit an *Zusammenhänge*. Vortrag gegen die antiisraelische Resolution der UNO, anläßlich der PEN-Tagung in Wien vom 14.–20. November. Krankenhausaufenthalt. Dezember: Beginn der Arbeit an der Komödie *Die Frist.*

1976

Reisebericht *Nein, Mao habe ich nicht gesehen.* Zum 65. Geburtstag erscheinen Max Frischs *Gesammelte Werke in zeitlicher Folge.* Friedenspreis des deutschen Buchhandels. Dankrede: *Wir hoffen.* Rede auf dem Parteitag der Sozialdemokratischen Partei der Schweiz: *Haben wir eine demokratische Öffentlichkeit?* Beginn der Arbeit am Stück *Styx* (später *Triptychon*).

Der Mitmacher – Ein Komplex erscheint. Arbeit an *Die Frist.* November: Reise nach Wales zur Entgegennahme des Welsh Arts Council International Writer's Prize 1976. Verfilmung von *Der Richter und sein Henker* (Regie Maximilian Schell). Erste Teilausstellung von Dürrenmatts Bildern im Restaurant du Rocher in Neuchâtel.

1977

Rede auf dem Parteitag der deutschen Sozialdemokraten in Hamburg: *Die Zukunft gehört der Angst.*

22. Februar: Französische Erstaufführung *Der Meteor* in Genf, danach Paris. 6. März: Buber-Rosenzweig-Medaille in Frankfurt a. M. (Rede *Über Toleranz*). Arbeit mit dem Schweizer Komponisten Rudolf Kelterborn am Libretto *Ein Engel kommt nach Babylon.* 5. Juni: Uraufführung Zürcher Opernhaus (Inszenierung Götz Friedrich, musikalische Leitung Ferdinand Leitner). 6. Oktober: Uraufführung *Die Frist*, Schauspielhaus Zürich. 26. November: Ehrendoktor der Hebräischen Universität Jerusalem.

1978

Triptychon. Drei szenische Bilder (Hörspielfassung am 15. April

Arbeit an den *Stoffen.* 23. November: Inszeniert *Der Meteor* in einer

1979 erstgesendet, Deutschlandfunk; Uraufführung einer französischen Übersetzung am 9. Oktober 1979 in Lausanne, Regie Michel Soutter; Druck einer revidierten Fassung 1980; deutschsprachige Erstaufführung am 1. Februar 1981 in Wien, Regie Erwin Axer).

neuen Fassung im Wiener Theater in der Josefstadt. Der Band *Bilder und Zeichnungen* erscheint anläßlich einer Ausstellung in der Galerie Daniel Keel.

1979

Der Mensch erscheint im Holozän. In den USA zur besten Erzählung des Jahres 1980 gekürt. Frisch lehnt eine Ehrengabe aus dem Literaturkredit des Kantons Zürich ab. Scheidung der Ehe mit Marianne Frisch.

Gründung der Max Frisch-Stiftung. Vortrag *Die politische Repression.*

24. Februar: Vortrag *Albert Einstein,* zur Feier seines 100. Geburtstags in der Eidgenössischen Technischen Hochschule, Zürich.
19. Juni: Großer Literaturpreis der Stadt Bern.
13. September: Uraufführung der Komödienfassung der (seit 1977) für das Gastspieltheater Egon Karter bearbeiteten *Panne* in Wilhelmsbad/Hanau. Regie: Friedrich Dürrenmatt.

1980

Ehrendoktor des Bard College (Staat New York). Hält sich in New York und Berzona auf. Wiederbegegnung mit Alice Locke-Carey, die bis 1984 mit Max Frisch zusammenlebt.

Die zwei neuen Werke *Dichterdämmerung. Eine Komödie* und *Nachgedanken* (zum 1976 erschienenen Band *Zusammenhänge*) erscheinen im Dezember bei Arche (gebunden) und Diogenes (Taschenbuch), in der ersten Werkausgabe in 29 Bänden. *Vallon de l'Ermitage* erscheint in der ›Revue Neuchâteloise‹.

1981

Zum 70. Geburtstag erscheint im Suhrkamp Verlag die Festschrift ›Begegnungen‹. An der Eidgenössischen Technischen Hochschule Zürich wird das Max Frisch-Archiv aufgebaut.

Richard Dindo dreht den Film ›Max Frisch, Journal I–III. Eine filmische Lektüre der Erzählung *Montauk*‹.

5. Januar: 60. Geburtstag, Ehrendoktor der Universität Neuchâtel. März bis Juni: ›Writer in Residence‹ an der University of Southern California, Los Angeles. September: *Stoffe I–III: Der Winterkrieg in Tibet, Mondfinsternis, Der Rebell* erscheint im Diogenes Verlag, Zürich, von dem künftig sein Werk herausgegeben wird.

1982

Blaubart. Eine Erzählung (Verfilmung von Krysztof Zanussi, Drehbuch von Frisch und Zanussi, 1982 bis 1985).

Mit dem krebskranken Freund Peter Noll Reise nach Ägypten; intensive Gespräche über Freitod, Sterbehilfe, würdiges Sterben; 18. Oktober: Totenrede für Peter Noll im Zürcher Großmünster. Ehrendoktor der City University of New York.

April/Mai: Beginn der Arbeit an der Komödie *Achterloo*. 15. Juli: *Vorgedanken über die Wechselwirkung (störend, fördernd) zwischen Kunst und Wissenschaft:* Vortrag an der ETH Zürich. 28. November: Im Fernsehen DRS: Fernsehfassung *Der Besuch der alten Dame* (Regie Max Peter Ammann).

1983

Forderungen des Tages. Porträts, Skizzen, Reden 1943–1982. Zieht in die Stadelhofer Passage um, seine letzte Wohnadresse in Zürich.

16. Januar: Tod von Frau Lotti. Letzter Besuch Frischs in Neuchâtel. 29. April: Ehrendoktorwürde der Universität Zürich. 6. Oktober: Uraufführung der Komödie *Achterloo* im Schauspielhaus Zürich (Regie Gerd Heinz). November: Reise nach Griechen-

land. Dezember bis Januar 1984: Reise nach Südamerika.

1984

Ernennung zum ›Commandeur dans l'ordre des arts et des lettres‹ in Frankreich. Ehrendoktor der Universität Birmingham. *Rede an junge Ärztinnen und Ärzte.*

28. Februar: Carl-Zuckmayer-Medaille des Landes Rheinland-Pfalz. 20. März: Österreichischer Staatspreis für Europäische Literatur 1983. 8. Mai: Heirat mit der Filmemacherin, Schauspielerin und Journalistin Charlotte Kerr. Juni: Niederschrift *Minotaurus. Eine Ballade* (Zeichnungen bis Februar 1985). Juli bis Januar 1985: Neufassung der Komödie *Achterloo.* 16. November: Vortrag *Kunst und Wissenschaft* an der Johann-Wolfgang-Goethe-Universität in Frankfurt a. M. 26. Dezember: SDR, III. Programm: Filmporträt von Charlotte Kerr *Porträt eines Planeten. Von und mit Friedrich Dürrenmatt.*

1985

Mehrstündiges Fernsehgespräch zwischen Philippe Pilliod und Max Frisch. Frisch leidet erstmals an Asthma.

Minotaurus erscheint. Mai bis Oktober: Wiederaufnahme und Vollendung des in den späten fünfziger Jahren begonnenen Romans *Justiz* (erscheint im Oktober). 7. September bis 19. Januar 1986: Ausstellung Friedrich Dürrenmatt, *Das zeichnerische Werk/L'Œuvre graphique* in Neuchâtel (Musée d'Art et d'Histoire). 4. Oktober:

Bayerischer Literaturpreis (Jean-Paul-Preis). November: Reise nach Ägypten. Wiederaufnahme der Arbeit an *Achterloo.*

1986

75. Geburtstag: Die *Gesammelten Werke* erscheinen, um einen siebten Band erweitert, als *Jubiläumsausgabe.* Frisch hält an den Solothurner Literaturtagen die Rede *Am Ende der Aufklärung steht das Goldene Kalb.*

Neustadt-Literaturpreis der University of Oklahoma (Preissumme für den Bau einer Schule in Nicaragua zur Verfügung gestellt).

September: *Der Auftrag oder Vom Beobachten des Beobachters der Beobachter. Novelle in 24 Sätzen.* Reise nach Sizilien zur Entgegennahme des Premio Letterario Internationale Mondello für *Justiz.* 10. Oktober: Georg-Büchner-Preis. Rede: *Georg Büchner und der Satz vom Grunde.* 10. November: Ehrenpreis des Schiller-Gedächtnispreises 1986 des Landes Baden-Württemberg. Rede: *Das Theater als moralische Anstalt heute.* November: *Rollenspiele* (mit Charlotte Kerr) erscheint.

1987

Februar: Reise nach Moskau, Einladung zum Forum »für eine atomwaffenfreie Welt und das Überleben der Menschheit«. – Juni: Ehrendoktor der Technischen Universität Berlin. Votum zu einem Podiumsgespräch: Demokratie – ein Traum?

14.–16. Februar: Reise nach Moskau zum Friedensforum.

1988

April: *Versuche* erscheint bei Diogenes. Fernsehfassung *Abendstun-*

de im Spätherbst (Regie August Everding). 17. Juni: Uraufführung *Achterloo IV* anläßlich der Schwetzinger Festspiele 1988 im Rokokotheater des Schwetzinger Schlosses (Regie Friedrich Dürrenmatt); gleichzeitige Dokumentation durch den SDR.

1989

Im Hinblick auf die Volksabstimmung über die Abschaffung der Schweizer Armee verfaßt Frisch den dialogischen Text *Schweiz ohne Armee? Ein Palaver*. Die Bühnenversion *Jonas und sein Veteran* wird in Zürich und Lausanne uraufgeführt. Rede im Basler Theater: *Der Friede widerspricht unserer Gesellschaft*. Max Frisch erhält den Heinrich-Heine-Preis der Stadt Düsseldorf.

27. April: Verleihung des Ernst-Robert-Curtius-Preises für Essayistik 1989 in Bonn. Rede: *Über das vaterländische Gefühl.* 17. Juni: vermacht seinen gesamten literarischen Nachlaß der Schweizerischen Eidgenossenschaft, unter der Bedingung, daß diese ein Schweizerisches Literaturarchiv gründe. September: Der Roman *Durcheinandertal* erscheint.

1990

Schweiz als Heimat? Versuche über 50 Jahre. Im März erfährt Frisch von seiner Krebserkrankung. Fichen-Affäre in der Schweiz: Während vierzig Jahren wurde Max Frisch, wie zahlreiche andere Schweizer Bürgerinnen und Bürger von den Behörden bespitzelt.

Reise nach Polen (Warschau, Krakau), Besuch von Auschwitz und Birkenau. Oktober: Der zweite Band der *Stoffe, Turmbau. Stoffe IV–IX,* erscheint. Rede auf Václav Havel anläßlich der Verleihung des Gottlieb-Duttweiler-Preises am 22. November 1990 in Rüschlikon/Zürich: *Die Schweiz – ein Gefängnis.* Laudatio auf Michail Gorbatschow zur Verleihung der

Otto-Hahn-Friedensmedaille durch die Deutsche Gesellschaft für die Vereinten Nationen am 25. November 1990 in Berlin. Rede: *»Die Hoffnung, uns am eigenen Schopfe aus dem Untergang zu ziehen.«* (Beide Reden postum 1991 in *Kants Hoffnung*.)
14. Dezember: Friedrich Dürrenmatt stirbt in seinem Haus in Neuchâtel.

1991

Die Teilnahme an der offiziellen 700-Jahr-Feier der Eidgenossenschaft lehnt Frisch ab.
Zu Beginn des Jahres sieht er noch Volker Schlöndorffs Verfilmung des *Homo faber*.
Am 4. April stirbt Max Frisch in seiner Wohnung in Zürich.
9. April: Gedenkfeier in der St. Peter-Kirche: Es sprechen seine Lebensgefährtin der letzten Jahre, Karin Pilliod-Hatzky, Michel Seigner und Peter Bichsel.

11. Januar: Gedenkfeier im Berner Münster: Es sprechen Kurt Marti, Bundespräsident Flavio Cotti, Walter Jens. Es lesen Wolfgang Hildesheimer, Hugo Loetscher, Adolf Muschg, Urs Widmer.

Personen- und Werkregister

Am 27. September 1998 lasen Helmut Griem und Maximilian Schell im Schauspielhaus Zürich aus dem hier vorliegenden Briefwechsel. Diese Lesung wurde aufgezeichnet und ist als CD bzw. Audiocassette im Verlag Kein & Aber, Zürich, erschienen.

Fotonachweis

S. 130: Ringier Dokumentation Bild, Zürich. *S. 132:* Jack Metzger/Comet Photo, Zürich. *S. 134:* Comet Photo, Zürich. *S. 136:* Fotos eines nicht eruierbaren Straßenfotografen/Archiv Marianne Frisch. *S. 137:* Ringier Dokumentation Bild/Kurt Wyss. *S. 138:* Ringier Dokumentation Bild/Schweizer Illustrierte/Dölf Preisig. *S. 142/143:* Pia Zanetti.